Inhalt

Für Steve
Dir widme ich dieses Buch
als Ausdruck meines Versprechens,
mit dir meine Liebe und
mein Leben zu teilen.

Die amerikanische Originalausgabe erschien im Verlag
Cook Communications Ministries, Colorado Springs,
Colorado 80918
unter dem Titel „Startling Beauty"
© 2004 by Heather Gemmen
© der deutschen Ausgabe 2005 Gerth Medien GmbH, Asslar
Aus dem Amerikanischen übersetzt von Ulrike Becker

Verlagsgruppe Random House FSC-DEU-0100
Das für dieses Buch verwendete FSC®-zertifizierte Papier
München Super Extra
liefert Arctic Paper Mochenwangen GmbH.

Best.-Nr. 816 603
ISBN 978-3-86591-603-7
1. Sonderauflage 2011
Umschlaggestaltung: Immanuel Grapentin
Umschlagphoto: Gaylon Wampler
Satz: Typostudio Rücker, Langgöns
Druck und Verarbeitung: CPI Moravia

Heather Gemmen

Tochter
des Schicksals

Eine Frau entscheidet sich für das Kind
ihres Vergewaltigers

GerthMedien

Gedichte sind wie eine Flucht in die Wahrheit. Sie lächelt traurig, während sie diese Worte liest, und die Falten in ihrem Gesicht treten deutlicher hervor. Sie blickt die übrigen Teilnehmer der Gruppe von Hobbyautoren, die sich in ihrem makellosen Heim versammelt hat, nicht an. Uns ist bewusst, welches Vorrecht es ist, dass wir als Einzige an ihrer Flucht in die Wahrheit teilhaben dürfen.

Schweigend sitzen wir da, nehmen die Worte in uns auf, bis sich vor unserem inneren Auge ein ganzer Berg von Einzelbildern aufgetürmt hat.

„Gedichte geben dem Abstrakten eine sprachliche Form." Dieser selbstbewusste junge Mann hatte uns einst mit einer Kurzgeschichte in Schrecken versetzt; sie erzählte davon, was er tun würde, wenn er an Gottes Stelle wäre.

„Gedichte begegnen der Verzweiflung mit einem Lachen." Tasha strahlt mich an und ich atme tief durch. Sie weiß, welches Gedicht ich heute vortragen werde.

„Ein Dichter ist einer, der dem schäumenden Strom von Worten einen feuchten Ast entreißt." Sie ist Erzieherin in einem Kindergarten und engagiert sich im Kirchenvorstand der Gemeinde. Ihr Lachen ist ebenso anmutig wie ihre Worte.

„Dichter sind Narren mit einem scharfen Verstand." Die blonden Locken der jungverheirateten Frau, die dies gesagt hat, tanzen vor ihrem Gesicht, während sie in die Runde grinst. Ihr Lieblingswort ist „paradox".

Ich betrachte die Gesichter der anderen, dann äußere ich meine Formulierung: „Ein Gedicht ist der Ort, an dem das Schöne, das wir nur allzu gut kennen, uns auf einmal ganz neu in Staunen versetzt."

Manche in unserem Kreis sitzen auf der Kante ihres Stuhls, als wollten sie sich im nächsten Augenblick in unbekannte sprachliche Welten stürzen. Andere versinken

zwischen den riesigen Sofakissen, als ob sie sich am liebsten aus der Wirklichkeit zurückziehen würden. Manche von uns blicken suchend in die Augen der anderen, als könnten sie sich selbst dort finden. Und wir alle durchstöbern den unsichtbaren Berg von Worten in unserer Mitte und forschen voll Leidenschaft nach dem, was in uns verborgen ist.

Sie sind meine Schwestern und Brüder in Christus. Sie werden mich verstehen. Eine erwartungsvolle Stille kehrt ein und ich räuspere mich. Denn heute bin ich dran, mein Gedicht zu lesen. Heute Abend werde ich mein Innerstes vor ihnen öffnen.

Seit drei Jahren trafen wir uns nun schon in dieser namenlosen Gruppe und unsere mit Sorgfalt gewählten Worte hatten uns einander näher gebracht, als Liebende es je sein können. Dennoch hatte ich ihnen gegenüber nie mein tiefstes Geheimnis enthüllt. Tasha wusste davon – sie war eine von denen gewesen, die mich durch diese schwere Zeit getragen hatten. Doch auch andere hier in dieser Runde hatten mir, ohne es zu wissen, einen Hafen gegeben, in dem ich mich vor den vielen in Sicherheit bringen konnte, die meine Geschichte kannten.

In mir pocht die Angst und ich versuche, sie mit meiner Stimme zu übertönen:

Merkwürdig, dass ich mich noch an dich erinnere, Fremder …
An dich, dessen Gesicht ich nie gesehen habe,
Dessen Worte ich kaum hören konnte.
Unsere Wege kreuzten sich nur für einen kurzen
Augenblick.

Ich bin mir sicher, du hast mich längst vergessen, ...
Du, dessen Atem nach Bier stank;
Dessen Gelalle kaum zu verstehen war.
Du wusstest nicht, was du tatest.

Aber ich weiß es ...
Du hast mir meinen Lebensmut geraubt.
Deine schmutzigen, drohenden Worte haben sich
tief in meine Seele gebohrt.
Vergeblich greife ich nach dem Teil von mir,
der mir verloren ging.
Du hättest es wissen müssen.
Du hast eine geschlossene Tür missachtet.
Mit deinen Worten hast du mir Angst eingejagt.
Ich fühle immer noch das Messer an meiner Kehle.

Ich werde dein Lachen nie vergessen ...
Als du mich schlugst, weil ich dich bat, zu Gott zu beten;
Als du genau die Worte verhöhntest,
die dir die Freiheit geschenkt hätten.
Ich habe trotzdem gebetet.

Und da ist noch etwas, von dem du nichts weißt:
Du hast mehr als Furcht in mir hervorgebracht.
Deine Worte sind nicht das Einzige,
das du zurückgelassen hast.
Ich habe mehr gewonnen, als ich verloren habe.

Merkwürdig, dass ich dir vergebe ...
Du weißt ja nicht einmal, dass du Vergebung nötig hast.
Aber deine Worte haben gezeigt,
wie sehr du der Gnade bedarfst.
Du wusstest nicht, was du tatest.

Wieder ist es still, wieder pocht die Angst. Ich spüre, dass ich mich mit meinen Worten den Händen meiner Freunde ausgeliefert habe – wie Knete in den Händen von Vorschulkindern. Ich starre den Fußboden an und warte. Wie oft schon ist mir Gnade widerfahren? „Gott hat die Welt so sehr geliebt, dass er seinen einzigen Sohn hergab ...“ (Johannes 3,16). Vertraute Worte, doch sie bringen mich neu ins Staunen. „Ich werde dich niemals verlassen.“ Vertraut und fremd zugleich. „Liebe deine Feinde.“

Ich blicke auf hellblau bemalte Zehen, die mir aus ein Paar Sandalen mit dicken Sohlen entgegenwinken, und nicke fast bewegungslos. Die Erkenntnis der Postmoderne, dass zwei unvereinbare Gegensätze zu gleicher Zeit wahr sein können, ist so alt wie Gott selbst.

Doch dann vernehme ich plötzlich das Rascheln eines langen Rocks auf dem Stuhl mir gegenüber und meine Selbstsicherheit ist wie weggeblasen. Meine intellektuellen Gedankengänge weichen nun einer verzweifelten Sorge: Es war sehr dumm von mir, noch mehr Menschen Einblick in das zu geben, was meine Kräfte bei Weitem übersteigt.

Der selbstsichere junge Mann räuspert sich. Sicher macht er sich im Stillen darüber lustig, wie ich mit großen Worten eine Vergebung proklamiere, die man doch unmöglich gewähren kann.

Meine Finger streichen über das gewachste Eichenholz der Armlehne, ich atme den unaufdringlichen Rosenduft, den die Kerze neben mir verbreitet. Um mich herum nur Makellosigkeit. Ich habe viel zu viel offenbart.

Siehst du? Dein kurzer Augenblick der Ekstase verfolgt mich überallhin. Selbst meine eigenen Worte wenden sich deinetwegen gegen mich.

Auf welche Weise wirst du mir noch Gewalt antun?

Die Angst, die in mir aufsteigt, gibt der Bitterkeit Raum. Wird die Vergebung, die ich ausgesprochen habe, dem standhalten können?

„Bitte lies es noch einmal vor, Heather."

Das tue ich, und diesmal muss ich immer wieder innehalten, weil mir die Worte in der Kehle stecken bleiben.

Als ich schließlich aufblicke, sehe ich nichts als von Herzen kommende Gefühle in den Gesichtern dieser Menschen, die mich lieben. Dankbar nehme ich diesen Ausdruck ihrer Freundschaft an – ihren leidenschaftlichen Schmerz und ihre Wut. Ihre Freundlichkeit besänftigt meine Seele und die Bitternis weicht.

Ich werde nicht deine Gefangene bleiben.

Ich sauge die Worte auf, mit denen meine Freunde mich ermuntern, mir ihre Wertschätzung zeigen, ihre Wut und ihren Schmerz ausdrücken, und die Fülle, mit der sie mich beschenken, überwältigt mich. Wie ausgehöhlt und verloren bin ich doch einst gewesen. Nun ist mein Herz wie verwandelt.

Ungerührt –
mitten im Sturm

Ich tastete nach Steves Hand,
aber er bemerkte es wohl nicht,
denn er reagierte nicht darauf.

Das Unheil, das du über mein Leben gebracht hast, war nicht der erste Sturm, den ich zu überstehen hatte. Ein anderer Sturm hatte mich bereits heimgesucht – zwei Jahre, bevor ich überhaupt etwas von deiner Existenz wusste. Alles begann in der sterilen Atmosphäre im Sprechzimmer meiner Ärztin. Ich werde nie vergessen, wie ich während der Untersuchung mein Herz schlagen hörte.

Was ist los, Maryann?" Ich flüsterte, doch es erschien mir wie ein Schrei.

Ich durchforschte das Gesicht meiner Ärztin und suchte vergeblich nach den Mut machenden Lachfältchen um ihre sanften blauen Augen. Sie murmelte ein paar tröstende Worte, doch die halfen mir nicht.

Ein Lichtstrahl durchbrach die Wolken.

„Du findest keinen Herzschlag, nicht wahr?", fragte ich leise. Sie war für mich weit mehr als eine Ärztin, sie war meine Freundin und ich wollte, dass sie mir die Wahrheit sagte.

Maryann schaute mich an und ein Lächeln huschte über ihr Gesicht. „Dieses Baby ist ohne Zweifel dein Kind. Er scheint den Ultraschall auszutricksen, nur um mich zu ärgern."

Ihr Scherz konnte mich zwar nicht wirklich beruhigen, aber ich versuchte trotzdem darauf einzugehen: „Wann habe ich dich jemals geärgert? Bin ich für dich nicht wie eine beruhigende Quelle, wie der Sonnenschein nach dem Regen und wie der Wind in deinen Segeln?", gab ich lächelnd zurück.

„Du hast Recht", schnaubte sie. „Ärgern ist vielleicht nicht das richtige Wort – plagen wäre passender."

„Reine Wortklauberei. Ich wusste ja, dass es darauf hinauslaufen würde." Wir waren Seelenverwandte. „Und

ich habe dich nur gewinnen lassen, damit Byron sich nicht für seine Frau schämen muss, die ..."

„Du lässt mich gewinnen? Mein liebes Mädchen, ich glaube, du brauchst keine Frauenärztin, sondern einen Psychiater." Maryanns sandbraunes Haar sah immer etwas zerzaust aus, egal ob im Büro oder am Strand. Sie verbarg ihre intellektuelle Überlegenheit stets hinter einer scherzhaften Freundlichkeit. „Jetzt sei still, ich möchte deinen Sohn hören."

„Es ist ein Mädchen, Maryann."

„Schhh, es ist ein Junge." Sie legte den Zeigefinger an ihren Mund und verstummte.

„Warum ist Steve heute nicht mitgekommen?"

„Du kennst ihn doch, Maryann."

„Ja, aber er hat doch noch nicht ein einziges Mal dieses kleine Herz pochen gehört."

„Ich weiß. Aber für so etwas würde er sich niemals freinehmen."

„Hast du ihn denn darum gebeten?"

„Nein, das nicht. Aber ich wusste ja ohnehin, dass er nicht mitgekommen wäre."

„Heather", sie fuhr sich mit der Hand über die Stirn, „du musst schon auch deinen Teil dazutun. Steve mag emotional manchmal recht verschlossen sein, das ist wahr, aber das entlässt dich nicht aus der Mitverantwortung. Du hättest ihn wenigstens bitten können mitzukommen."

„Aber dann wäre er nur aus Pflichtgefühl mitgekommen und ich würde mich schuldig fühlen."

„Nein, er hätte sich nicht beklagt."

„Nun, er hätte wahrscheinlich nichts gesagt, aber innerlich hätte er geschmollt, da bin ich mir sicher."

„Deine voreiligen Schlüsse helfen euch auch nicht weiter, Heather."

„Und was soll ich deiner Meinung nach tun? Ich weiß ja nicht mal, was in ihm vorgeht. Entweder besitzt er überhaupt kein Gefühlsleben oder er will schlichtweg nicht mit mir darüber reden. Gestern habe ich die ersten Bewegungen des Babys gespürt, aber ich habe keine Ahnung, ob er das nun aufregend fand oder nicht."

„Das Baby hat sich bewegt?"

„Oh, ja. Das habe ich dir ja noch gar nicht gesagt. Ich habe in letzter Zeit öfter so ein Flattern von ihr gespürt. Viel häufiger, als das bei den Jungs im fünften Monat der Fall gewesen ist."

„Mmh, das überrascht mich. Dafür ist es noch ein bisschen früh." Sie ließ ihre Hände einen Moment lang auf meinem Bauch ruhen. „Aber weißt du was, Heather. Ich glaube, Steve war genauso aufgeregt wie du. Du darfst dich von seinem Pokerface nicht täuschen lassen."

„Ja, wenn es doch nur ein Pokerspiel wäre, dann würde ich ihn jedes Mal gewinnen lassen – Hauptsache, es käme irgendeine Reaktion von ihm." Ich winkte ab. „Jedenfalls fand ich es ziemlich aufregend." Nun legte auch ich meine Hand auf meinen Bauch. „Oh Maryann. Es war sicher ihr kleiner Ellbogen, der gegen meine Bauchdecke gedrückt hat. Und sie zog ihn auch nicht zurück – erst als ich mich wieder bewegte."

„Das war ohne Zweifel ein kleiner Sohn, der seinen Vater bei sich haben wollte." Ihre Worte klangen leicht, aber ihr Gesicht blieb ernst. Sie schmierte noch etwas mehr Gel auf meinen Bauch und fuhr mit dem Sensor des Ultraschallgerätes darüber. Sie drehte die Lautstärke höher und wir lauschten gespannt dem Rauschen in meinem Innern. Nach ein paar Minuten schaltete sie das Gerät aus und blickte mich gedankenverloren an. „Das Gerät scheint defekt zu sein."

Wieder überkam mich Angst. „Du findest immer noch keinen Herzschlag? Was wirst du tun?"

„Nun, ich werde ein neueres Gerät aus dem anderen Behandlungsraum holen. Die Kiste hier ist älter als du selbst."

Ich musste lachen. Doch nachdem sie hinausgegangen war, lehnte ich mich zurück und strich sanft über die Wölbung, unter der sich mein Baby befand. Dann wartete ich auf das vertraute Flattern. Sie hatte sich doch gestern erst bewegt und die Körpermaße waren auch entwicklungsgemäß. Es konnte eigentlich nichts verkehrt sein.

Ich sah den Nimbuswolken zu, die sich draußen vor dem Fenster auftürmten.

Hin und wieder schlugen vereinzelte Regentropfen gegen die Scheibe, doch der Himmel war noch nicht bereit, die ganze aufgestaute Wucht zu entladen. Ich hatte immer geglaubt, wir bestimmen selbst, welchen Weg wir im Leben gehen. Doch während ich jetzt in diesem abgeschiedenen Behandlungsraum aus dem Fenster starrte, wurde mir klar, dass wir uns nicht aussuchen können, welche Hindernisse uns auf unserem Weg begegnen werden.

Oh Gott, lass mich auf andere Weise lernen – lass das hier keines dieser Hindernisse auf meinem Lebensweg sein.

Maryann schwieg nahezu fünf Minuten, während sie mit dem Untersuchungskopf des Ultraschallgerätes in jede erdenkliche Richtung über meinen Bauch fuhr – erst nur mit sanftem Druck, dann etwas fester. Sie lauschte angespannt dem Rauschen in meinem Innern.

„Warte, ich hab es gehört", sagte ich bei einem besonders lauten Geräusch.

„Nein, das klang zwar wie das Pochen eines embryonalen Herzens, aber es war nur das Blut, das in deiner Arterie

pulsiert. Hier, hörst du es?" Da war wieder dieses Geräusch. „Es ist viel langsamer als das Herz eines Babys." Sie wartete noch einen Augenblick, dann schaltete sie das Gerät aus. Ich beobachtete ihre Hände. Sorgfältig faltete sie das Tuch zusammen und legte es in die Schublade, dann strich sie sich die Locken aus ihrem Gesicht. Maryann blickte auf die Uhr und verschloss die Flasche mit dem Gel. Sie legte die Instrumente zurück an ihren Platz. Schließlich schaute sie mich an, rückte den Kittel über ihren sportlichen Schultern zurecht und verschränkte die Arme.

„Nun, Heather, wir werden dich für eine Ultraschall-untersuchung ins Krankenhaus überweisen müssen."

Der Sturm brach mit ungezügelter Wut über mir herein. Ich wusste, was das bedeutete.

Ich hatte diese Frage schon so oft gehört – aus dem Mund von Kindern und von alten Frauen: Warum lässt Gott zu, dass guten Menschen Unheil widerfährt?

Ich kannte eine Mutter, die ihren 14 Monate alten Sohn 16 Stunden lang allein in seinem Bettchen zurückgelassen hatte. Als man ihr das Kind wegnahm, lachte sie nur. Steve und ich hatten uns schon Namen für unser Kind überlegt, da war es noch nicht einmal so groß wie eine Erbse. Und bevor es die Größe einer Banane erreicht hatte, hatte ich bereits die Decken, Windeln und Strampler in den Schub-laden des Babyzimmers verstaut. Unsere beiden ersten Kin-der waren nicht geplant gewesen und waren zu Zeiten gekommen, in denen es für uns eher unpassend gewesen war; trotzdem liebten wir sie heiß und innig. Doch dieses Kind war eine Gebetserhörung für uns, der Lohn unserer Bemühungen.

Nun zerbrach diese Illusion, die Dinge im Griff zu haben, vor meinen Augen.

„Gib nicht gleich auf, Heather. Vielleicht finden wir den Herzschlag bei der Untersuchung im Krankenhaus." Ich

nickte schwer und machte mich zum Gehen fertig, während Maryann letzte Vorbereitungen traf. Als ich gerade ihr Sprechzimmer verlassen wollte, nahm sie mich ganz spontan in den Arm. Sie drückte mir fast die Tränen aus den Augen.

Kaum war ich ins Freie getreten, waren meine Haare auch schon so nass, dass sie mir am Kopf klebten. Doch ich machte mir nicht die Mühe, den Schirm aufzuspannen oder zum Auto zu rennen. Im Wagen saß ich eine Weile nur da, bevor ich den Motor startete. Kaum zu glauben, dass Gott unsere Bitten kennt, noch bevor wir überhaupt die Worte dafür gefunden haben. Der Scheibenwischer schob den Regen beiseite, der gegen die Windschutzscheibe prasselte. Ich dachte daran, wie das Baby gestern gegen meine Bauchdecke gedrückt hatte. Kein Wunder, dass sie sich nicht wegbewegt hatte, als ich sie berührte. Sie war gar nicht dazu in der Lage gewesen.

✳

Von zu Hause aus rief ich Steve an. „Was sollen wir jetzt machen?", klagte ich leise.

Das Gewitter störte die Verbindung und so hörte ich Steves Antwort nur bruchstückhaft: „Wir gehen ... Krankenhaus, so wie ... besprochen und ... ob alles in Ordnung ..."

Ich brauchte diese Verbindung zu Steve jetzt mehr denn je.

„Oh Steve, was wird nur werden?" Der gelbliche Lichtkegel draußen auf der Veranda wurde beinahe vom Regen verschluckt. „Was sollen wir nur machen?"

Steve konnte meine Frage nicht verstehen.

„Ich ... zehn Minuten zu Hause ... wir ... Jungs zu ... Eltern. Und ... treffen ... Maryann und ..." Nun war die Verbindung ganz zusammengebrochen.

Ich legte den Hörer auf und starrte in der Fensterscheibe mein Spiegelbild an. In dem dunklen Glas konnte man nicht sehen, wie blass mein Gesicht war, dafür zeigte sich umso deutlicher, wie durch den Regen mein langes glattes Haar an mir herunterhing. Meine Augen blickten mich traurig an und meine Mundwinkel waren nach unten gezogen. Ich lehnte mich mit der Stirn gegen die kalte Scheibe. *Tut es dem Regen weh, wenn er gegen die Scheibe prasselt? Ob er sich wohl mit dem braunen Haar auf der anderen Seite der Scheibe vereinen möchte?* Der Regen und ich konnten einander beinahe berühren – wie mein Mann und ich.

Beim Nachhausekommen warf Steve einen verdutzten Blick auf den roten Fleck an meiner Stirn und ich kam mir mit meinen Gedankenspielen auf einmal dumm vor.

Eine Stunde später lag ich wieder auf einer Untersuchungsliege, schaute gebannt auf den Monitor und stellte dem medizinischen Assistenten unzählige Fragen, während er mit dem Ultraschallkopf über meinen Bauch fuhr. Auf meine Bitte hin zeigte er mir das Herz des Kindes: ein kleiner schwarzer Punkt auf dem Monitor, der sich völlig still verhielt. Ihm musste klar sein, dass ich wusste, was mit meinem Baby los war. Aber ich weinte nicht. Steve stand schweigend neben mir, während ich scherzte, dass ich gleich Pipi machen müsste.

Es ist ein Fluch geselliger Menschen, wie ich es bin, dass sich ihre Extrovertiertheit oft im verkehrten Moment zeigt. Ich erinnere mich noch genau daran, wie ich Steves taktvolle Art zum ersten Mal schätzen lernte, als vor einigen Jahren unsere Nachbarin vor der Tür stand. Sie trug damals eine Plastiktüte mit ein paar Klamotten bei sich und ihr linkes Auge war völlig zugeschwollen.

„Kann ich ein paar Tage bei euch bleiben?", fragte sie.

Mit überzogener Begeisterung gab ich zum Besten, wie schön es wäre, Besuch zu haben – es war ja so peinlich –,

während Steve sie freundlich hereinbat und sich dann schweigend zu uns setzte, um ihr Gelegenheit zu geben, über ihr offensichtliches Leid zu sprechen.

Und nun – angesichts dieses Monitors, der den Beweis erbrachte, dass mein Baby gestorben war – benutzte ich meinen Humor als Schutzschild. Ich hoffte, mein Lachen könne den Schmerz zurückhalten.

Der Assistent bat uns zu warten, damit er die Bilder der Ärztin vorlegen könne. Wir warteten. Immer deutlicher spürte ich, dass jener schwarze Fleck in mir, der mein Herz repräsentierte, nicht länger standhalten konnte. Mein Widerstand brach zusammen. Ich hatte mich gegen den aufkeimenden Schmerz gewehrt und mir war, als würde ich mir einen Weg durch den Sturm bahnen, der draußen vor den Fenstern tobte. Doch nun weinte ich. Unser kostbares Baby war tot.

✳

Kurz darauf betrat Maryann den Raum. Sie sah besorgt aus. An meinen Tränen konnte sie sehen, dass ihr die undankbare Aufgabe erspart blieb, uns die schlechte Nachricht zu überbringen. So setzte sie sich schweigend zu uns und wartete ab, bis mein Schluchzen verstummt war.

„Maryann", krächzte ich, „weißt du, ob es ein Mädchen oder ein Junge war?"

Maryann schüttelte den Kopf. „Das konnte man im Ultraschall nicht genau genug erkennen" – ich nickte ergeben –, „aber wir werden es bald wissen."

Diese Erkenntnis schlug ein wie eine Bombe: Der Sturm war noch nicht vorbei.

✳

Ich verrenkte mir den Hals, um mich zu Steve umzudrehen, aber er blickte stur geradeaus, während er mich in einem Rollstuhl den Flur entlangschob. Irgendwie überraschte mich sein perfektes Äußeres, das mir doch eigentlich so vertraut war: Seine braunen Haare fielen von Natur aus wie frisch gekämmt. Über seinen dunklen braunen Augen erhoben sich buschige Augenbrauen. Seine muskulösen Arme passten zu seinem schlanken Körperbau. Und der Gang seiner langen Beine wirkte sicher und unbeirrt.

Ihn schien der Sturm nicht zu erreichen.

Würde auch sein Widerstand irgendwann brechen oder gab es da nichts, dem er zu widerstehen hatte?

Wir passierten einige Mütter, die in den Wehen lagen und stöhnten, zogen vorbei an der Neugeborenenstation und am Schwesternzimmer, aus dem mir eine Frau entgegengrinste, bis wir schließlich den hintersten Winkel der gynäkologischen Station erreichten.

Ich nahm nichts mehr um mich herum wahr. Stattdessen wanderten meine Gedanken zurück zu dem Fenster, an das ich vor gerade mal ein paar Stunden meine Stirn gepresst hatte. Nun kam es mir nicht mehr dumm vor, dass ich meine Ehe mit den Regentropfen verglichen hatte. Nein, jetzt stellte ich mir vor, wie ich mit dem Kopf gegen das Glas schlug, bis es zerbrach, damit der Regen – Steves Liebe – mich durchtränken konnte.

Ich stellte es mir vor, doch mehr tat ich nicht.

Maryann kam herein und setzte sich zu uns. Sie schien es nicht sonderlich eilig zu haben, wofür ich ihr sehr dankbar war. Es ging ohnehin schon alles viel zu schnell.

„Ich werde dir ein Medikament geben, das die Wehen einleitet", sagte sie mir. „Dann warten wir, bis sich der Muttermund ganz geöffnet hat und die Fruchtblase platzt. Und dann wirst du dieses Baby wie bei einer normalen Geburt zur Welt bringen." Sie schaute mich mitfühlend an,

bevor sie weitersprach. „Ich muss dich aber warnen: Es wird schmerzhaft sein und eine ganze Weile dauern. Dein Körper ist darauf nicht vorbereitet; er denkt, er hat noch ein paar Monate Zeit."

Ich nickte. An der Stelle waren wir uns einmal einig – mein Körper und ich.

„Es tut mir so leid, Heather und Steve. Das ist sehr traurig."

Ich tastete nach Steves Hand, aber er bemerkte es wohl nicht, denn er reagierte nicht darauf.

Maryann hatte Recht. Wenige Minuten, nachdem ich das Medikament bekommen hatte, setzten die Wehen ein. Ich schnappte erschrocken nach Luft. Es begann ein schmerzhafter Kampf, der die ganze Nacht andauern sollte.

Als die Presswehen einsetzten, machte ich mir nicht die Mühe, nach Hilfe zu läuten. Steve rief nach der Schwester, als er sah, was vor sich ging.

„Warte doch, bis Maryann da ist, Heather!", bat er mich.

Doch ich presste bereits. *Wozu warten, das Baby ist ohnehin tot.*

Maryann kam gerade rechtzeitig, um beim Abstoßen der Plazenta zu helfen und mich zu versorgen. Das stumme Kind wurde beiseite gelegt.

Erschöpft schloss ich die Augen. Ich wollte einfach nur schlafen. Vielleicht war jetzt endlich alles vorbei. Es war mir egal, welches Geschlecht das Baby hatte, oder ob mich Steve nun liebte oder nicht, oder was Maryann gerade machte. Ich hatte nicht das Bedürfnis zu beten – weder um meine Wut herauszuschreien noch um den Frieden Gottes in mich aufzunehmen. Ich wollte einfach nur schlafen.

✳

Eine Schwester berührte meine Schulter. Ich wandte mich ihr zu; in ihren Armen lag das Baby – so winzig in dem riesigen blauen Strampler und dem viel zu großen weißen Mützchen. „Es ist ein Junge. Möchten Sie ihn halten?"

Ein Junge? Er kam mir so fremd vor und ich konnte kaum annehmen, dass dieses Baby mein eigenes Kind war. Ich schüttelte den Kopf.

Doch Steve nahm ihn.

„Ein Junge", schwärmte er und zog das Mützchen zurück, um den kleinen Kopf besser sehen zu können. Ich sah ein Lächeln über Steves Gesicht huschen und nun konnte auch ich nicht anders: Ich musste einen Blick auf unser Kind werfen. Er war ein Schatz, so zerbrechlich und so klein. Die Schwester ermutigte uns, ihn auszuziehen, um ihn genau zu betrachten und ihn mit dem Stolz frisch gebackener Eltern zu liebkosen. Das taten wir dann auch und die Schwester verließ den Raum.

Ich war in diesen wenigen Augenblicken mit unserem Sohn nicht traurig. Ich war im Auge des Sturms angekommen. Ich staunte darüber, wie vollkommen er aussah. Jede seiner kleinen Zehen war genau so, wie sie zu sein hatte; die Haut an seinen Bäckchen war so weich; sein Bauch so rund. Der Tod nahm ihm nichts von seiner Schönheit.

„Du hast das toll gemacht, Heather", sagte Steve zu mir. Ich saugte seine Zuneigung auf wie der ausgedörrte Boden den Sommerregen.

„Es war die Mühe wert." Meine Worte überraschten mich. Ich betrachtete die kleinen Finger in meiner Hand. „Vor einer Stunde hätte ich so etwas nicht sagen können, und jetzt ... er ist ein Wunder."

„Ja, Casey ist ein Wunder."

Wir lächelten einander an. Ein warmer Regen guter Gefühle prasselte auf mich herab und ich legte den Kopf

zurück und sperrte den Mund weit auf, um so viel in mich aufzunehmen, wie ich nur konnte.

„Steve, hättest du je gedacht, dass unser Herz so übervoll und zugleich so leer sein kann?" Das war ein schönes Paradoxon. Steve schaute zum Fenster hinaus. Ich legte meine Hand auf seinen Arm. „Dieses Gefühl ist schwer zu ertragen, nicht wahr?"

Steve schwieg eine Weile. Schließlich schüttelte er den Kopf, den Blick immer noch zum Fenster gewandt, so als wolle er sich dem Sturm stellen, der draußen auf uns wartete. „Ich bin völlig verwirrt."

Flüsternd stimmte ich ihm zu.

„Nein, es ist etwas anderes", sagte er. Ich konnte den Blick, mit dem er sich mir schließlich zuwandte, nicht deuten. „Ich fühle überhaupt nichts. Ich meine, ich bin erstaunt darüber, wie vollkommen entwickelt dieses Kind ist, aber ich fühle weder besondere Liebe noch besondere Trauer. Ich wünschte, ich könnte dir zustimmen, dass das Gefühl intensiver ist, als ich ertragen kann – aber so ist es nicht."

Ich ließ Steve los und legte Casey über meine Schulter. Ich klopfte ihm sanft auf den Rücken, als wartete ich auf ein Bäuerchen. „Vielleicht stehst du noch unter Schock."

„Nein, das tue ich nicht."

Unsicher schwiegen wir einander an.

Noch einmal versuchte ich, ihm zu helfen: „Nun ja, du hast das Baby gestern zum ersten Mal gespürt. Da ist es doch nur logisch, dass du den Verlust nicht so intensiv erlebst wie ich."

Wieder starrte er zum Fenster hinaus: „Nein, auch daran liegt es nicht." Steve ließ sich auf den unbequemen Stuhl neben dem Krankenbett fallen. „Ich empfinde nie besonders viel. Manchmal frage ich mich, ob ich überhaupt

irgendjemanden lieben kann." Seine Worte waren kaum zu hören, so leise sprach er sie aus.

Sanft presste ich meine Wange gegen Caseys kalten Körper.

Es tut den Regentropfen nicht weh, wenn sie gegen die Scheibe prasseln. Und sie nehmen auch die braunen Haare nicht wahr, die von der anderen Seite gegen das Glas gepresst werden. Dieses eine kurze Lächeln war alles, was an Regen in Steves Innerem zu finden war.

Als die Schwester einige Zeit später ins Zimmer huschte, küsste ich Caseys Bäckchen und gab ihn widerwillig aus der Hand. Dann wandte ich den Kopf ab, um zu schlafen. Im Augenblick hatte ich nicht die Kraft, mich mit der Leere im Herzen meines Mannes auseinanderzusetzen.

Ich schlief, während Steve die Papiere für die Feuerbestattung unseres Kindes unterzeichnete und mit Verwandten und Freunden telefonierte. Im Halbschlaf nahm ich wahr, wie eine Schwester meine Vitalfunktionen prüfte. Ich verschlief die Besuche unseres Pastors und unserer Freunde. Ich stöhnte nur, wenn ich etwas essen sollte, weinte, wenn ich urinieren musste und jammerte, als der Milcheinschuss kam.

Ich lag da und bat Gott, er möge mich in einen Stoiker verwandeln, damit ich den Schmerz über den Verlust meines Kindes nicht spüren müsste. Ich bat ihn, den Trost annehmen zu können, den mir Menschen anboten, die mir sagten, Casey sei nun in Gottes Armen geborgen. Und ich bat darum, Gott möge mir die Überzeugung schenken, dass sich auch für mich noch alles zum Guten wenden würde, so wie es dieses Bibelwort sagt: „Was auch geschieht, das

eine wissen wir: ‚Für die, die Gott lieben, muss alles zu ihrem Heil dienen'" (Römer 8,28).

Doch der Schmerz übermannte mich. Die Trümmer, die der Verlust in mir hinterließ, lagen verstreut wie die Äste, die der Sturm von den Bäumen gerissen hatte.

Steve schob mich am nächsten Tag in einem Rollstuhl aus dem Krankenhaus hinaus. Ich hielt Unmengen von Blumen, Karten und Süßigkeiten in meinen Händen – und doch waren sie völlig leer.

Eine unerträgliche Leere

Wenn Gott uns hier haben will, dachte ich, dann müssen wir eben einfach ungehorsam sein.

Ich hätte mir niemals vorstellen können, welche unermessliche Finsternis du nur wenige Monate nach diesem Tag über mich bringen solltest. Damals hatte ich gedacht, ich hätte den tiefsten Punkt bereits erreicht.

Der Test war negativ." Ich ließ mich auf das Bett fallen.

„Das wundert mich." Steve verteilte Rasierschaum auf sein stoppeliges Kinn. „Benommen hast du dich jedenfalls wie eine Schwangere." Sein Grinsen war für mich wie der Stock in der Hand eines Zwölfjährigen, der einen verletzten Hund piekst, um zu schauen, ob er noch lebt. Er wollte mir nichts Böses, aber ich fauchte ihn an:

„Was soll das nun schon wieder heißen?"

„Na, komm, sei nicht so empfindlich. Ich hab doch nur Spaß gemacht."

Auf der anderen Seite der Straße, gleich neben dem Spielplatz, stand ein Wagen im Halteverbot, aus dem laute Rap-Musik dröhnte. Die Bässe drangen bis in unser Schlafzimmer. Ich schaute Steve zu, wie er mit der Rasierklinge durch den dicken Schaum fuhr. Am liebsten hätte ich ihn mit einer seiner Klingen aufgeschlitzt. Stattdessen wandte ich mich ab und knallte trotz der Hitze dieses Juli-Nachmittags das Fenster zu. Doch zuvor warf ich noch einen kurzen Blick auf das innerstädtische Viertel, in dem wir wohnten. Verstreuter Müll glitzerte im Sonnenlicht, die Häuser standen dicht gedrängt, Gruppen von Jugendlichen lungerten in der Nähe des Schulhofs herum und Autos jagten mit aufheulenden Motoren durch das Wohngebiet.

Steve schleuderte den überschüssigen Rasierschaum von der Klinge und begann sich das Gesicht zu waschen. „Nach dem Spiel gehe ich in den Supermarkt. Hast du noch irgendetwas, das auf die Einkaufsliste soll?"

„Steve!" Ich fuchtelte erregt mit den Armen. „Was in aller Welt ist los mit dir? Hast du nicht gehört, was ich gesagt habe? Der Schwangerschaftstest war negativ!" Ich überlegte, ob ich ihm ein Kissen auf den Kopf hauen sollte, damit er endlich aufwachte.

„Das habe ich gehört." Er setzte sich zu mir auf das Bett und legte einen Arm um meinen Bauch. „Wir werden es einfach weiter versuchen." Er küsste mich auf die Schulter. „Es macht mir Spaß, dich zu schwängern." Seine Hand wanderte unter mein Top.

„Lass das!" Ich wandte ihm den Rücken zu und ließ meiner Verzweiflung freien Lauf. „Wie kannst du in so einem Augenblick nur an Sex denken?"

Ich konnte beinahe fühlen, wie er mit den Achseln zuckte.

„Du verstehst das nicht, oder?" Die Fensterscheibe klirrte bei dem Versuch, den abscheulichen Lärm der Straße fernzuhalten. „Seit Caseys Tod ist fast ein Jahr vergangen und ich bin immer noch nicht schwanger. Steve, was ist nur los mit mir?", flüsterte ich.

„Nichts ist mit dir los."

„Und warum kann ich dann nicht schwanger werden?" Ich brachte diese Worte kaum heraus, so sehr schnürte die Trauer mir die Kehle zu.

Ich bemerkte Steves Schweigen erst, als er eine Weile später meinte: „Vielleicht sollen wir kein weiteres Kind bekommen."

„So etwas darfst du nicht sagen." Ich wandte mich ihm wieder zu und durchforschte sein Gesicht. „Wir werden es weiter versuchen."

„Ich glaube, es wird zu viel für dich." Steve schaute auf seine Hände. „Du kannst schon gar nicht mehr lachen. Das fehlt mir. Ich möchte dich wiederhaben, so wie du warst."

Es schien eine Ewigkeit her zu sein, seit ich das letzte Mal gelacht hatte. Die Heather, die ganz spontan zu einer Party einlud, um eine Beförderung zu feiern oder ein neues Rezept auszuprobieren oder den ersten Schnee zu begrüßen; die Heather, die ihre Freunde dazu überreden konnte, sich auf die großen und kleinen Abenteuer des Lebens einzulassen; die Heather, die imstande war, aus einer langweiligen Pflicht einen Spaß für die ganze Familie zu machen – diese Heather schien meilenweit entfernt.

„Vielleicht sollten wir aufhören, es zu versuchen", sagte Steve leise.

Ich spürte, wie sich bei diesen Worten mein Gesicht verzerrte. „Aufhören? Wie kannst du so etwas sagen?" Ich bekam auf einmal so eine ungeheure Wut auf diese stickige Hitze, dass ich aufsprang und das zitternde Fenster wieder aufriss. „Wir können nicht aufhören, Steve."

Das andauernde „Bap bap" eines Basketballs beleidigte meine Ohren, doch Steves Worte waren wie ein Schlag ins Gesicht: „Wir müssen aufhören."

„Steve!", stieß ich hervor. „Das meinst du nicht ernst."

„Wir haben schon zwei Kinder. Es wäre schön, die Babyphase hinter uns zu lassen. Außerdem ...", er deutete zum Fenster, „... wir müssen sparen, damit wir hier endlich wegziehen können."

„Ja, aber das heißt doch nicht, dass ..."

„Sei doch vernünftig."

Ich starrte meinen Gatten ungläubig an; er wirkte so ruhig und selbstsicher. „Aber wir haben doch immer gesagt, wir wollen drei Kinder." In seinen Augen konnte ich sehen, dass ich ihn nervte. Er wartete darauf, dass ich einsah, wie Recht er hatte und wie falsch meine Hoffnung war – doch das konnte ich nicht. „Du willst wirklich kein weiteres Kind?"

„Nein, ich bin glücklich mit den zweien, die wir haben."

Glücklich.

Flüchtig fragte ich mich, ob man *mir* wohl ein Kissen auf den Kopf hauen sollte, damit ich zur Vernunft kam. Doch mein Selbstmitleid erstickte die Freude, nach der ich mich so sehnte.

„Diese Leere ist so unerträglich, Steve." Ich streckte ihm meine Arme entgegen. „Spürst du das denn nicht?"

Seine Augen antworteten: Nein.

Ich schnappte nach Luft. „Du hast also die ganze Zeit gehofft, der Test würde negativ ausgehen?" Ich wusste, diese Frage war nicht fair, aber das war mir egal.

„Nun, nicht gerade ..." Er stützte sich auf den Ellbogen und versuchte mich zu berühren, doch ich wich ihm aus.

„Ich kann es nicht glauben!" Ich spuckte die Worte nur so hervor und die Traurigkeit in mir explodierte in einer Mischung aus Wut, Schmerz und dem Gefühl, verraten worden zu sein. Ich ertrug seine Nähe nicht länger. Ich hielt es nicht mehr aus, wie er mich ansah, als sei ich ein Versuchstier, das man zur Gewinnung neuer Erkenntnisse beobachten musste.

„Ich bin dir wohl völlig egal." Meine zornigen Tränen waren mir peinlich und so wandte ich meinen Blick ab. „Habe ich dir jemals irgendetwas bedeutet?" Tief ins Kissen vergraben, klagte meine erstickte Stimme ihn an: „Hat es je etwas gegeben, das dir etwas bedeutet hat?" Zum ersten Mal sprach ich aus, was er an Caseys Totenbett eingestanden hatte – und nun benutzte ich sein Geständnis gegen ihn. Für diese Grausamkeit hasste ich mich noch mehr, als ich Steve hasste.

✳

Im Spiegel sah ich, dass meine Augen rot waren und mein Blick finster. Ich starrte mein Gesicht an und weinte drauflos. Wie die Rap-Musik aus dem Jeep da unten hervorquoll, so quollen meine Tränen und mit ihnen mein ganzer Schmerz aus meinem Innern hervor: unkontrolliert und bitter, voller Gewalt, Fluchen und Schreien. Meine Worte waren ebenso grässlich wie meine Verzweiflung.

Ich warf einen Blick auf Steve, der neben mir auf dem Bett saß. Ich wusste, er wäre am liebsten gegangen.

Ja, diese Leere war unerträglich. Und es war an der Zeit, Steve mit seiner Last zu helfen. *Oh Gott, hilf du mir.*

Im nächsten Augenblick öffnete sich quietschend die Schlafzimmertür. „Mami?"

Ich wischte meine Tränen ab und streckte unserem vierjährigen Sohn Chad die Hand entgegen: „Hallo, mein Schatz!"

„Was ist denn los, Mami?"

„Ach, Chad, ich war nur etwas traurig. Aber gleich ist es wieder vorbei, okay?"

„Okay, Mami. Was heißt eigentlich ‚Bleichgesicht'?"

Ich blickte zu Steve. Er zuckte die Achseln.

„Das heißt: Wer auch immer dich so genannt hat, würde gerne so aussehen wie du." Ich rechtfertigte diese übertriebene Äußerung vor mir selbst damit, dass es mein Recht sei, meine Kinder vor emotionalem Schaden zu bewahren. Aber Chad stellte meine Argumentation nicht in Frage.

„Mmh. Kann ich draußen spielen?"

„Gut, aber nur hinten im Garten. Geh nicht in den Vorgarten. Und weck Simon nicht auf."

Er gab mir einen Kuss und rannte davon.

Ich schaute Steve an. „Wir müssen von hier wegkommen, Steve. Gestern sah ich, wie ein Kind Chad Sand in die Augen warf, als er gerade auf dem Bürgersteig spielte. Die Leute wollen uns hier nicht haben."

„Warum hat er im Vorgarten gespielt?"

„Ich habe am Blumenbeet gearbeitet." Mich durchfuhr ein Schauer. „Es war grässlich. Ich hatte das Gefühl, alle starren mich an." Ich setzte mich auf und blickte durch das Fenster. „Was tun diese Leute überhaupt? Sitzen die ganze Zeit auf ihrer Veranda und beobachten einander. Das macht mir Angst."

„Lass den Garten", riet Steve mir.

„Gut, sobald wir dieses dämliche Haus verkauft haben!"

„Ja", nickte Steve gedankenverloren. „Aber ich möchte ungern unseren Einstiegspreis senken."

„Das Geld ist doch nicht wichtig. Was, wenn wieder so ein Verrückter mit seiner Knarre durch unseren Garten rennt? Wir können so nicht leben."

„Ja, ich weiß. Es ist nur merkwürdig, dass wir nun schon seit bald einem Jahr versuchen, dieses Haus zu verkaufen, und keiner will es haben."

„Das ist doch nicht merkwürdig", schnaubte ich. „Ich kann kaum glauben, dass wir so blöd waren, es zu kaufen."

„Ich weiß nicht. Vielleicht will Gott uns damit etwas sagen."

Ich zog die Augenbrauen hoch: „Und was, zum Beispiel?"

Steve schwieg einen Moment lang: „Vielleicht will Gott, dass wir hierbleiben."

Das konnte er doch nicht ernst meinen. Er hasste diese Gegend noch mehr als ich.

Wir hatten gerade mal ein paar Monate in diesem Haus gelebt, als wir auf unangenehme Weise mit unserem Viertel Bekanntschaft machten: Wir saßen gerade meilenweit entfernt im Haus meiner Eltern und feierten gemütlich Weihnachten, als mein Vater Steve den Telefon-

hörer hinhielt und sagte: „Es ist die Polizei." Unsere Haustür hatte offen gestanden und eine vorbeifahrende Streife war misstrauisch geworden. Die Beamten waren ins Haus gegangen und hatten Spuren eines Einbruchs entdeckt: zerbrochenes Glas, ein leer geräumter Hifi-Schrank, durchwühlte Schubladen. Die Diebe hatten sogar unsere Pullover aus den Wäschekörben geholt und weggekarrt.

Damals hatte Steve erkannt, wie wenig er in der Lage war, sein Heim zu schützen oder die Täter zur Rechenschaft zu ziehen. Er hatte begonnen, dieses Viertel zu hassen.

Einige Monate später hatte Steve mitbekommen, dass irgendetwas in unserem Garten vor sich ging. Er war zum Fenster geeilt und hatte gesehen, wie ein paar Jugendliche über unseren Zaun kletterten und zur Hintertür unseres Nachbarn verschwanden.

„He!", hatte er ihnen nachgerufen. „Was treibt ihr da?" Woraufhin sich die Bande zerstreut hatte. Steve hatte sie anschließend mit einem Baseballschläger verfolgt, während er mich anwies, die Polizei zu rufen. Voller Angst um Steve hatte ich den Notruf gewählt. Als endlich eine Streife eingetroffen war, hatte Steve bereits einen der Jungen geschnappt und ihm in seiner sanften, aber bestimmten Art klargemacht, dass er und seine Bande in unserem Garten nicht willkommen waren.

Insofern war es lachhaft, dass gerade Steve sich nun fragte, ob wir nicht doch bleiben sollten.

„Ja, sicher." Ich blickte hinaus auf das vergilbte Gras. „Und warum sollte Gott das von uns verlangen?"

Steve zuckte mit den Achseln und schob den Gedanken beiseite. „Ich weiß es nicht. Ist nur so 'ne verrückte Idee."

Ich lachte übertrieben laut auf. *Wenn Gott uns hier haben will*, dachte ich, *dann müssen wir eben einfach ungehorsam*

sein. Ich hatte genug gelernt – nein, zu viel gelernt – in diesen vier Jahren, die wir nun schon in diesem unsicheren Teil der Innenstadt wohnten.

✳

Man sagt, der erste Schritt zur Überwindung rassistischer Einstellungen bestünde darin, sich ihrer bewusst zu werden. Ich war also auf dem besten Wege. Die Kultur der Schwarzen in meinem Umfeld war für mich nichts anderes als Mitleid erregend und es fiel mir nicht schwer, diesen Standpunkt mit jedem zu diskutieren, der es hören wollte: Zweijährige Kinder liefen ohne elterliche Begleitung auf der Straße herum. Jugendliche schienen entweder schwanger zu werden oder im Gefängnis zu landen. Der Lebensmittelladen um die Ecke war in einem einzigen Sommer fünfmal überfallen worden. Wenn bei uns im Viertel jemand ermordet wurde, erschien das nicht einmal in den lokalen Abendnachrichten. Schwarzer Slang war hier kein Dialekt, den man neben Schulenglisch sprach, sondern die einzige Sprache, die man kannte. Und die Leute gaben ihr Geld eher für eine neue Stereoanlage aus als für Milch oder Eier.

Als wir in dieses Viertel gezogen waren, hatte ich nicht damit gerechnet, dass ich meinen farbigen Nachbarn einmal mit solcher Bitterkeit begegnen würde. Ich hatte nicht viele Berührungspunkte mit Personen außerhalb meines Freundeskreises gehabt – die zumeist von Holländern abstammten und der reformierten Kirche angehörten –, und so dachte ich, alle Menschen wären wie ich, egal, welcher Rasse sie angehörten. Wir ignorierten die Warnungen jener, die es besser wussten und uns rieten, dieses idyllische Haus, das uns zu einem so spottbilligen Preis angeboten wurde, lieber nicht zu kaufen. Steve sparte für sein

Leben gern und ich begriff nicht, was es bedeutet, eine Minderheit darzustellen.

Meine Naivität hielt etwa ein Jahr an. Ich war begeistert von den vielen Kindern, die in unser Haus strömten. Sie schwärmten von unserem hübschen Heim, unserem weichen Haar und unserem niedlichen Baby. Ich spottete darüber, dass weiße Freunde uns rieten, die Taschen unserer kleinen Lieblinge zu kontrollieren, bevor sie unser Haus verließen. Ich freute mich an den Nachbarn, die sich über den Gartenzaun hinweg unterhielten, so wie ich es aus meiner Kindheit in einer Kleinstadt gewohnt war. Der Reichtum ihres Miteinanders stand in krassem Gegensatz zu der materiellen Armut. Die Redeweise und Gestik meiner Nachbarn faszinierten mich: Ich fand die schwarze Kultur bezaubernd – so wie ein Dichter vom Lande über den Tanz der Fahrzeuge an einer belebten Kreuzung schwärmen würde. Das ganz Gewöhnliche barg für mich eine fremdartige Schönheit, die mich in Staunen versetzte.

Ich kann nicht mehr genau sagen, wann sich meine Haltung veränderte. Vielleicht überzeugte mich die skeptische Einstellung anderer. Vielleicht wurde mir als Mutter instinktiv bewusst, welche Gefahren unser Umfeld barg. Vielleicht war mein inneres Auge zu sehr auf die Erde und zu wenig auf den Himmel gerichtet – aber irgendwann um den ersten Geburtstag unseres Sohnes Chad herum verlor ich diese Unbedarftheit. Und so führten unsere Familienausflüge schließlich nicht länger auf den Spielplatz gegenüber, sondern in weit entfernte Parklandschaften. Die einfache Kette, die unseren Garten vom Rest der Welt getrennt hatte, wurde bald durch einen meterhohen Holzzaun ersetzt und vor den Naturholzfenstern installierten wir Jalousien, die neben der Sonne auch unliebsame Blicke aussperrten.

Als Chad zwei Jahre alt war, war ich bereits völlig verbittert: Ich erlaubte nicht mehr, dass Kinder aus der Nachbarschaft zu uns zum Spielen kamen, weil ich nach solchen Besuchen schon zu oft irgendwelche Dinge vermisst hatte; ich wollte diesen Diebstählen einen Riegel vorschieben. Einmal packte ich einen kleinen Jungen namens Dershawn beim Schlafittchen und klingelte bei seiner Mutter. Als sie die Tür öffnete, kam mir ein Schwall von Marihuanarauch und Rap-Musik entgegen.

„Hallo!", sagte ich mit zugekniffenem Mund. „Ich bin Ihre Nachbarin. Ich muss Ihnen leider mitteilen, dass Ihr Sohn Dershawn nicht mehr zu uns kommen darf. Er hat diese Woche schon zweimal die Lampe vor unserer Haustür zerbrochen und er pflückt alle meine Tulpen, bevor sie überhaupt aufgeblüht sind. Ich habe mit meinen Unterrichtsvorbereitungen und der Erziehung meiner eigenen Kinder genug zu tun, da kann ich nicht auch noch den Babysitter für Ihren Jungen spielen." Das war das erste Mal, dass ich vor ihrer Haustür stand, aber ich nahm mir nicht einmal die Zeit für ein paar freundliche Worte.

Auf dem Nachhauseweg fragte ich mich, ob ich zu barsch gewesen war. Aber es machte mich wütend, dass sie herumfaulenzte, während ich alle Hände voll zu tun hatte. *Sie könnte auch als Schwarze anders leben – denk doch nur an Tasha,* murmelte ich vor mich hin. Tasha war meine Freundin. Sie lebte auf der anderen Seite des Schulhofs und war für mich ein Brunnen der Weisheit, aus dem ich häufig schöpfte. Immer schien sie genau die richtigen Worte für mich zu wissen. *Sie hat sich aus diesem Sumpf befreit.*

Mir machte meine ablehnende Haltung keine Freude – im Gegenteil, ich hasste mich dafür –, aber ich wusste nicht, wie ich daran etwas ändern konnte. Ich wäre gerne

zu dieser Unbedarftheit zurückgekehrt und ich dachte, wenn wir aus diesem Ghetto wegziehen würden, könnte ich diese unschuldige Naivität vielleicht wieder finden.

✳

„Wie auch immer", fuhr ich meinen Mann an, „jetzt habe ich noch einen Grund mehr, von hier wegzuziehen." Meine Atmung überschlug sich durch das viele Weinen und Steve schaute zu mir herüber.

„Weißt du, wir können es mit einer neuen Schwangerschaft weiter versuchen, wenn du meinst, dass du mit dem Stress klarkommst. Es ist nicht so, dass ich mir kein weiteres Kind wünschen würde."

Ich brauchte einen Moment, bis ich antworten konnte: „Deshalb habe ich nicht geweint."

„Weshalb dann?" Er war dieser leidigen Diskussionen müde.

„Ich weine nicht deshalb, weil du kein drittes Kind möchtest", sagte ich und schniefte. „Gut, es hat auch damit zu tun, aber mehr noch mit uns beiden."

Steve schloss die Augen. Je mehr meine Gefühle verrückt spielten, umso weniger Verständnis hatte er für mich. Und je unterkühlter er reagierte, umso mehr sehnte ich mich danach, von ihm verstanden zu werden.

„Alles, was ich mir wünsche", fuhr ich fort, „ist, dass du mir ab und zu sagst, dass du mich liebst; dass du mich küsst, ohne gleich an Sex zu denken; dass du mir sagst, wie es dir geht. Manchmal sagen mir deine Augen, dass du mich hasst, Steve. Ist es so schrecklich, mit mir zusammenzuleben?"

Zum ersten Mal wollte ich eine Antwort auf diese Frage, obwohl ich Angst vor dem hatte, was er mir sagen würde.

„Aber Schatz", der verständnislose Blick wich aus seinem Gesicht, „es tut mir leid."

Ich glaube, er meinte es ernst, aber ich war für diese Worte noch nicht bereit. Erst wollte ich wissen, wie wir zu einer Lösung kommen konnten. Ich musste seinem Blick ausweichen, sonst wäre ich weich geworden. Dann hätte ich seine Entschuldigung angenommen und wir hätten unsere gewohnten Verhaltensmuster beibehalten.

„Ich weiß. Ich auch. Es tut uns beiden immer leid. Und morgen ist dann wieder alles beim Alten." Ich beobachtete, wie er sich langsam aufsetzte, seine Beine über die Bettkante schwang und mir seine breiten Schultern zuwandte. „Du versprichst mir, ein besserer Ehemann zu sein, aber morgen fühle ich mich wieder wie ein Idiot, sobald du mir diesen Blick zuwirfst – du weißt schon, welchen ich meine –, ohne ein Wort zu sagen." Ich berührte seine starken Arme und roch sein Eau des Cologne. Meine Worte verloren ihre Schärfe. „Ich sage etwas und du ignorierst mich einfach – oder du schaffst es, mich mit weniger als fünf Worten zum Heulen zu bringen." Steve wandte sich um und lächelte ein wenig. Ich wusste nicht, ob ich ihn küssen oder ohrfeigen sollte. „Du bist so ein Trottel, aber ich liebe dich. Es tut mir leid. Ich bin ein einziges Wrack. Aber Steve ..." – ich schrieb mit dem Fingernagel meinen Namen in seinen Rücken – „... ich brauche deine Liebe mehr als alles andere."

Steve griff nach einem Taschentuch und reichte es mir. „Ich möchte wirklich, dass wir miteinander klarkommen, Heather ..." Er unterbrach sich und hielt den Atem an. – „Ich werde mich bessern, in Ordnung?"

„In Ordnung", nickte ich und stand auf. Ich wusste, er war nicht in der Lage, sich zu bessern. Er war nicht fähig, mich zu lieben.

„Und – ist die Einkaufsliste nun fertig oder hast du noch irgendwelche Wünsche?"

Ich seufzte. Über der Kommode hing eine Metallplatte, auf der folgende Inschrift stand:

Herr, lass mich trachten, nicht dass ich getröstet werde,
sondern dass ich tröste;
nicht dass ich verstanden werde,
sondern dass ich verstehe;
nicht dass ich geliebt werde,
sondern dass ich liebe.
(Franz von Assisi)

„Sie ist fertig", sagte ich zu ihm.

„Okay, dann grüß Tasha von mir."

Ich lächelte ihm hinterher. Er hatte Recht und ich liebte ihn dafür, dass er mich so gut kannte: Ich sehnte mich nach Tashas heilsamen Worten.

Als er den Wagen aus unserer Einfahrt lenkte, nahm ich den Hörer ab.

Schmerzhafte
Heilung

Widerwillig öffnete ich meine Augen und lugte unter der Decke hervor. Der Mann, der in meinem Schlafzimmer stand, war nicht Steve.

Die einzige Weiße unter lauter Schwarzen. Ich frage mich, wann ich dir zum ersten Mal aufgefallen bin. Ich frage mich, wie lange du mich schon beobachtet hast. Als ich damals mit Tasha auf der Parkbank saß, habe ich an so etwas überhaupt nicht gedacht.

Ich glaube, ich schaff das nicht – mit der Ehe und all dem, Tash!", klagte ich, während ich Chad zusah, der Simon auf der Schaukel anschubste. Simon strahlte vor Glück und Chad fragte ihn, ob er noch höher schaukeln wolle. Jedes Mal, wenn die Schaukel mit Simon nach hinten schwang, befanden sich die blonden Schöpfe meiner beiden Jungs für einen Augenblick auf gleicher Höhe und ich konnte sehen, wie sehr sich ihre lachenden Gesichter ähnelten.

„Das mit Steve geht dir ziemlich unter die Haut, nicht wahr?"

„Nein, eigentlich nicht. Ich weiß gar nicht, warum ich so enttäuscht von ihm bin. Er ist eigentlich ein wunderbarer Ehemann."

„Mmh mmh", nickte Tasha. „Auf jeden Fall ist er dir im Haushalt eine große Hilfe. Ich kenn Frauen, die würden 'ne Menge dafür geben, so einen Mann zu haben."

„Ja, und er kann so gut mit den Kindern umgehen."

„Also, was ist dann los? Habt ihr euch gestritten?"

„Nein, das ist es nicht", seufzte ich schwer. „Ich habe nur das Gefühl, als gehörten wir gar nicht zusammen." In einer dramatischen Geste warf ich die Arme in die Höhe. „Ist es denn zu viel verlangt, wenn ich möchte, dass er mich wie eine Frau behandelt und nicht wie einen Kumpel?"

„Romantik ist nicht alles, mein Schatz."

„Ich weiß. Aber Liebe ist etwas Unersetzliches. Und außerdem", fuhr ich fort, „ich habe doch immer schon

gesagt, dass unsere größten Stärken auch zugleich unsere größten Schwächen sind. Das ist etwas, das Steve einfach nicht versteht. Er ist so echt, aber nur, weil es ihm egal ist, was andere von ihm denken. Und es ist ihm auch egal, was sein Verhalten in anderen anrichtet. Ich will, dass es ihn kümmert, was andere – oder zumindest, was ich von ihm halte."

Ich hätte wohl noch weiter lamentiert, doch Tasha unterbrach mich: „Okay, trenn dich eine Weile von ihm und probier aus, ob es dir besser gefällt, deine Kinder alleine großzuziehen."

„Nein, das will ich auf keinen Fall."

„Dann sag mir, was du willst."

*

Diese kompromisslose Art mochte ich an Tasha, obwohl ich wusste, dass so manches Gemeindeglied Mühe damit hatte.

Ich hatte Tasha vor einigen Jahren in der *Sherman Street Church* kennen gelernt. Ich saß damals in einer der letzten Reihen, damit ich schnell hinaushuschen konnte, falls die Jungs etwas brauchten. Eine Siebenjährige hatte während des Eingangsliedes die Kerze am Taufbecken entzündet. Der Ablaufzettel für den Gottesdienst, den man uns am Eingang überreicht hatte, sah vor, dass wir als Nächstes eine Reihe von Lobliedern singen und uns dazu erheben sollten. Doch ich brauchte keine Gottesdienstordnung, um zu wissen, was zu tun war. Ich nahm Simon auf den Arm und sprach im Einklang mit meinen Geschwistern in Christus das *Vaterunser*. In Ehrfurcht senkte ich den Blick, als der Pfarrer uns den Segen Gottes zusprach. Zusammen mit allen anderen setzte ich mich wieder, als ein Laienquartett nach vorne ging, um mit dem Lobpreis zu beginnen. Diese

Gemeinde war mir so vertraut wie mein eigenes Wohnzimmer.

Doch plötzlich tat sich etwas, was nicht zum Programm gehörte. Ich schielte über meine Schulter nach hinten und sah, wie sich hinter mir die Tür öffnete. Eine sagenhafte Frau trat leise ein und setzte sich in die Reihe vor uns. Man konnte ihr Alter nur schwer schätzen, denn ihr gestyltes Äußeres ließ sie jünger erscheinen, als man bei ihrem ruhigen und selbstbewussten Auftreten vermutet hätte; doch ich schätzte sie auf etwa vierzig. Ihr hellbrauner Teint hob sich gegen das rote Samtkleid ab, das reizvoll ihre Figur betonte. Ihre vollen Lippen waren im gleichen kräftigen Rot geschminkt wie ihre langen Fingernägel. Sie warf einen kurzen prüfenden Blick auf die vornehmlich weiße Gemeinde, die sich hier in diesem fast ausschließlich von Schwarzen bewohnten Viertel traf. Dann fing sie an, im Takt der Musik mit dem Kopf zu nicken. Als sei sie von der Qualität der Darbietung überrascht, wandte sie nun ihre ganze Aufmerksamkeit den Musikern zu und begann mit lautem Klatschen die Stille der übrigen Gemeinde zu durchbrechen.

„Oh ja", stöhnte sie auf. „Halleluja!"

Ich weiß nicht, ob die Leute sich nach ihr umdrehten oder einander zuraunten. Ich nahm nur diese Hoffnung wahr. Es war der Traum unserer Gemeinde gewesen, den trennenden Abgrund zwischen uns und den Bewohnern des Viertels zu überwinden. So lange ich diese Gemeinde nun schon besuchte, hatten wir uns danach gesehnt, ein Teil dieser Wohngegend zu werden, und waren doch immer wieder gescheitert. Wir wollten einen Ort bieten, an dem alle Nationen vereint und versöhnt miteinander Gott lobten; ein Ort, wo wir das Trennende mit der gleichen Leichtigkeit beiseitelegen konnten, wie man an einem wärmenden Kamin seinen Mantel ablegt. Ein freundlicher Ort sollte es sein. Ein friedlicher Ort.

Niemals hätten wir damit gerechnet, dass die Überwindung rassistischer Grenzen schmerzvoll sein könnte.

Wir beteten regelmäßig darum, dass Leute aus dem Viertel den Weg in unsere Gemeinde finden würden. Und wenn sich mal jemand zu uns verirrte, hießen wir ihn herzlich willkommen. Wir verstanden nicht, warum sie sich so wenig am Gottesdienst beteiligten, und noch weniger, warum sie in der Regel kein zweites Mal kamen. Manchmal fragte ich mich, ob wir, die wir auch in der Sherman Street wohnten, für die Gesamtgemeinde überhaupt repräsentativ waren. Wir formulierten missionarische Ziele, organisierten Feste im Wohnviertel und kamen zu den Treffen des Evangelisationskomitees. Doch es machte mich unruhig, dass wir unseren Traum vielleicht nie verwirklichen würden, weil die Mehrzahl der Gemeindeglieder lieber alles beim Alten lassen wollte. Das fand ich frustrierend.

Wir verlangten ja gar nicht, dass sie in die Innenstadt zogen. (Wenn wir das gewollt hätten, hätte ich ihnen sofort mein eigenes Haus zum Kauf angeboten.) Nein, wir wollten nur, dass sie eine Stunde in der Woche Menschen unter dem Dach unserer Kirche aufnahmen, die anders waren als sie selbst; dass sie nur eine Stunde in der Woche freundschaftliche Beziehungen zu diesen Menschen pflegten.

Es ist eine Ironie, dass ich anderen vorwarf, aus unserem Viertel zu fliehen, wo ich selbst doch so viele für Weiße typische Ängste pflegte. Ich gehörte zu den Leuten, die von den Farbigen gemieden wurden: Ich wusste genug über die Probleme in einem überwiegend schwarzen Viertel, aber ich war zu gleichgültig, um mich um eine Lösung dieser Probleme zu bemühen.

Im Grunde hatte ich schon gehört, was man machen muss, um die Rassengegensätze zu überwinden: Man

musste Beziehungen aufbauen. Das hatte ich bei jeder Veranstaltung über die Aussöhnung zwischen Schwarzen und Weißen zu hören bekommen. „Der einzige Weg, die Geißel des Rassenhasses zu überwinden", so hatte man mir gesagt, „ist der Kontakt zu Menschen, die nicht der eigenen Hautfarbe und Kultur angehören." Aber die Botschaft kam bei mir nicht an. Ich dachte, ich müsste diese Botschaft nur innerhalb der Gemeinde leben – denn hier bot der gemeinsame Glaube eine Basis für die Begegnung. Aber zwischen mir und meinen Nachbarn konnte ich nichts Verbindendes entdecken.

Und so nötigte mich diese Frau mit den blitzenden weißen Zähnen und den auffälligen Ohrringen – ohne dass sie es wusste –, ihre Bekanntschaft zu suchen. Unruhig rutschte ich auf meinem Stuhl hin und her und überlegte, was ich zu ihr sagen konnte, sobald der Pastor am Schluss des Gottesdienstes nach hinten gegangen war, um die Besucher zu verabschieden. Doch ich hätte mir keine Gedanken zu machen brauchen. Denn gleich zu Beginn der Predigt hörte Tasha Simon vor sich hin plappern und fing an, von seinen weichen Bäckchen und seinem freundlichen Lächeln zu schwärmen.

„Darf ich ihn nehmen, Kleines?", flüsterte sie mir in ihrem schwerfälligen schwarzen Akzent zu.

Gerne reichte ich ihn zu ihr hinüber und huschte dann schnell auf den freien Platz neben ihr. Der Gottesdienst war kaum zu Ende, da hatte Natasha Desiree Peterson bereits mein Herz erobert.

Das heißt, eigentlich saßen wir zu diesem Zeitpunkt bereits im kühlen Keller des Gemeindehauses und tauschten Geburtserlebnisse aus. Als Steve uns aufstöberte, lachten wir bereits herzlich miteinander, während Simon sich in die Arme meiner neu gewonnenen Freundin schmiegte und Chad sie mit offener Bewunderung anstarrte. Ich weiß

ehrlich gesagt nicht, ob unsere Freundschaft begann, weil ich mich um jemanden kümmerte, der neu in unserer Gemeinde war, oder weil Gott mir diese Frau geschickt hatte, damit er den Finger auf ein paar Wunden in meiner Seele legen konnte, deren Existenz ich noch nicht einmal bemerkt hatte. Wie auch immer es dazu gekommen war, nun saßen wir einige Jahre später ins Gespräch vertieft hier auf dieser Parkbank.

*

„Also, was willst du?", lautete ihre weise Frage.

„Auf keinen Fall möchte ich ohne Mann sein, so viel ist sicher." Mich schauderte bei dem Gedanken. „Ich glaube kaum, dass ich allein zurechtkäme. Erst recht nicht in dieser Gegend." Ich sah, wie ein schwarzer Mann auf uns zukam, und wünschte mir, in einem Auto zu sitzen und die Türen verriegeln zu können. Stattdessen stand ich auf, um Simon aus der Schaukel herauszuhelfen.

Tasha verschränkte die Arme über ihrem Bauchnabel, den ein Silberring zierte. Sie schaukelte ein wenig hin und her und summte dabei vor sich hin. Ihre schmalen Schultern bewegten sich mit Leichtigkeit unter den Trägern ihres Tops. Chad und Simon rannten los, um sich einer Gruppe von Jungs anzuschließen, die im Sandkasten miteinander spielten. Ganz offensichtlich waren sie sich mit ihren vier und zwei Jahren noch nicht bewusst, dass sie anders waren als die Kinder aus der Nachbarschaft.

Ich schlenderte zu Tasha zurück. „Wusstest du, dass wir unser Haus im Winter gekauft haben? Uns wurde erst mit Frühlingsanbruch bewusst, unter welches Pack wir geraten waren, als die ganze Horde aus ihren Löchern gekrochen

kam, um den ganzen Sommer über die Buschtrommeln der Hifi-Anlagen in ihren Autos zu schlagen", meinte ich lachend.

Tasha lachte nicht. Es war ein ziemlich dummer Scherz.

„Ich meine nicht dich, wenn ich so etwas sage, Tash. Du bist ganz anders."

„Bin ich das?"

„Ja, ich empfinde dich überhaupt nicht als Farbige."

„So wie Steve dich nicht als Frau empfindet." Tasha schleuderte mir diese Bemerkung entgegen, dann wandte sie sich ab und summte wieder vor sich hin.

Ich empfinde dich überhaupt nicht als Farbige. Das war nicht mal mehr ein übler Scherz. In diesen Worten offenbarte sich mein wahres Ich. Ich verstummte und schaute eine Weile den Kindern zu, während mir allmählich dämmerte, was meine Freundin da gerade gesagt hatte. Die Konfrontation mit Steve heute Morgen schnürte mir immer noch die Kehle zu. Mein Weltbild geriet ins Wanken.

Ein Junge bewarf Chad mit Sand. Fast wäre ich aufgesprungen, aber dann sah ich, wie Chad sich ins Gesicht fasste und so tat, als würde er umfallen. Die beiden kicherten laut auf.

Der Mann, den ich misstrauisch beobachtet hatte, stand geduldig hinter einem zweijährigen Mädchen in einem Winnie Pooh-Overall, das sich Stufe um Stufe die Leiter zur Rutsche hinaufarbeitete. Ich beobachtete, wie er schützend die Hand hinhielt, während er zum unteren Ende der Rutsche ging und dem Kind, das sich nicht vom Fleck rühren wollte, aufmunternd zusprach.

Ein Sechzehnjähriger warf einem jüngeren Jungen einen Basketball zu. Beide hatten das gleiche breite Grinsen.

„Du schaffst das, Mann!", rief er laut. „Ja, Mann!"

Der Jüngere dribbelte, schielte zu seinem Bruder herüber, warf den Ball und verfehlte den Korb. Der Ältere fing den Ball auf und warf ihn zurück. „Versuch's noch mal!"

Der Jüngere biss sich vor Konzentration auf die Zunge und zielte. Diesmal sauste der Ball durch den Ring. Beide grölten vor Begeisterung und spielten mit ihren Händen eine Reihe von Bewegungen durch, die mit einem Handschlag endete.

Während sich all dies vor meinen Augen abspielte, stellte ich mir eine Kamera vor, die zwischen jeder dieser Szenen zu meinem Gesicht wanderte – ein Gesicht, das allmählich immer blasser wurde. Die Kinobesucher würden vor Anspannung den Atem anhalten. „Ja", würden sie mir am liebsten entgegenschreien, „endlich begreifst du es!" Doch statt die Begeisterung dieser imaginären Zuschauer über meine Selbsterkenntnis zu teilen, spürte ich nur, wie sich mein Magen verkrampfte. Die Erschütterung, die sich heute Nachmittag in meinem Innern ereignet hatte, war nicht abgeebbt.

Es muss sich etwas ändern. Bin ich es, Herr? Schon wieder ich?

Es war Tasha, die unser Schweigen durchbrach. „Wie kam es zu diesem Streit mit deinem Mann?"

Mir war schwindlig. „Ist nicht so wichtig." Ich versuchte, sie anzuschauen, ohne den Kopf zu drehen. „Oh, Tasha! Es tut mir leid! Ich bin auch nur eine von diesen dummen Weißen."

Sie lachte, was mich überraschte. Noch überraschter war ich, als sie näherrückte und mich seitlich umarmte. „Du bist schon ganz schön dumm, Kleines. Aber ich mag dich trotzdem."

Die hellbraunen Finger ihrer rechten Hand schlossen sich um die weißen Finger meiner linken. „Schau nur, wie schwarz du bist."

Wenn Tasha lachte, schien ihre Stimme tief in ihrem Innern zu vibrieren. Und normalerweise musste ich in solchen Situationen einfach mitlachen. Doch diesmal hätte ich am liebsten losgeheult.

Ich schämte mich so sehr.

„Oh Tash, ich kann mich selbst kaum noch ertragen. Ich bin so ... oh Tash, ich bin ein ganz schöner Rassist, nicht wahr?" Ich vergrub meinen Kopf in meinen Händen, doch Tasha zog ihre Umarmung nicht zurück.

„Im College wohnte ich mit einer jungen Nigerianerin zusammen und ich fühlte mich dabei ungeheuer tolerant ... so weltgewandt. Ich dachte automatisch, das bedeutet, dass ich kein Rassist sein kann." Ich lachte bitter. „Dabei habe ich sie eigentlich kaum kennengelernt."

Tasha summte wieder vor sich hin. Ich erkannte die Melodie. Es war ein altes Kirchenlied, das wir in unserer Gemeinde in der Sherman Street nur sehr selten sangen: „Lass mein Volk in die Freiheit ziehen" (*Let my people go*).

„Ich dachte, weil du meine Freundin bist, kann ich kein Rassist sein." Ich legte meinen Kopf auf ihre Schulter und ließ den Tränen freien Lauf. „Ich dachte, weil ich zu einer Gemeinde gehöre, die sich um die Aussöhnung zwischen den Rassen bemüht, bin ich kein Rassist." Durch die Tränen, die mir übers Gesicht liefen, grinste ich Tasha an. „Jetzt wundere ich mich, dass du immer wieder zu uns kommst."

Tasha nickte: „Weißt du, die Leute in der *Sherman Street Church* sind alle sehr nett zu mir, aber ich frage mich manchmal, ob sie nicht nur deshalb nett zu mir sind, weil ich eine Farbige bin. Trotzdem hoffe ich, dass sie mich einmal um meiner selbst willen lieben werden."

„Ich habe dich früher gemocht, weil du eine Farbige bist." Ich errötete über mein eigenes Eingeständnis und starrte den Schmutz unter meinen Füßen an.

Tasha zog ein Taschentuch heraus und tupfte meine Wangen trocken. „Ich weiß, liebe Schwester. Das macht nichts. Du hast dich jetzt geändert."

Mit einem Mal wich meine Scham. Ich atmete tief durch und spürte, wie ich innerlich aufgerichtet und mein hartes Herz weicher wurde.

„Merkwürdig!" Ich sprach zu Tasha und doch hätte ich diese Worte auch ausgesprochen, wenn ich kein Gegenüber gehabt hätte, so sehr verloren sich meine Gedanken in dieser neuen Erkenntnis. „Merkwürdig: Warum habe ich immer geglaubt, Versöhnung ließe sich auf angenehme Art und völlig ohne Schmerz erreichen?"

Tasha schüttelte den Kopf. Sie wusste, wovon sie sprach: „Versöhnung ist nicht leicht."

„Mmh. Ich habe die Farbigen immer für stolz gehalten, weil sie keine Seminare über die Aussöhnung zwischen den Rassen besuchen und nicht über das Thema reden wollten." Ich schüttelte verwundert den Kopf. „Mensch, war ich schwer von Begriff!"

Tasha schaute mir ins Gesicht und zwinkerte mit den Augenlidern.

Ich stand auf und streckte mich, als müsse ich mich an ein paar neue Gliedmaßen gewöhnen.

Tasha erhob sich ebenfalls. „Ich bin froh, dass wir zueinandergefunden haben, Heather. Du bist eine gute Freundin."

Chad fuhr mit einem Matchboxauto über die Schultern und den Kopf seines Spielkameraden. Dabei gab er herrliche Motorengeräusche von sich. Sein neuer Freund lachte triumphierend, als er Chad seinen matschigen Finger auf die Nase presste. Mit ihren vier Jahren kümmerten sie sich noch nicht darum, welche Unterschiede es zwischen ihnen gab.

Ich gab Steve einen leidenschaftlichen Kuss, als er vom Supermarkt kam.

„Baby, ich werde dir was Tolles mit Hühnchen zusammenbrutzeln", verkündete ich, während ich die Einkäufe aus den Papiertüten holte.

Er zog die Augenbrauen hoch.

„Oh ja." Ich konnte meine Freude kaum zügeln. „Wenn Gott möchte, dass wir hierbleiben, dann sollten wir lernen uns anzupassen."

„Papa!" Chad stürmte in die Küche. „Wir waren bei Dershawns Mutter und sie hat Mami gezeigt, wie man Hühnchen kocht."

Steves Augenbrauen verzogen sich noch etwas mehr.

Ich nickte. „Weißt du, was mir an den Leuten hier gefällt?"

Steve starrte mich an.

„Nein, das ist vielleicht zu allgemein ausgedrückt. Weißt du, was ich an Dolores so mag?"

„Dolores?"

„Dershawns Mutter. Sie kann schnell vergeben. Sie hat mir sogar selbst gebackene Maisfladen mitgegeben."

„Maisfladen?"

„Ja!" Ich unterbrach das Entleeren der Tüten und schaute Steve an. „Heute ist etwas mit mir passiert."

„Ach so."

Ich grinste ihn an: „He, hast du was dagegen, wenn Dershawn öfter zu uns kommt? Er ist so ein netter Junge. Und seine Mutter ... oh, Mann." Ich schaute mich in meinem wunderschönen Heim um. Die verrotteten Möbel und die verrauchte Luft in Dolores Haus passten zu der schmerzlichen Kindheit, von der sie mir so schnoddrig erzählt hatte. Unweigerlich musste ich an die Probleme

denken, die sie momentan mit ihrem Freund und mit Drogen hatte. „Ich weiß nicht, wie sie dieses Leben aushält."

Steve beugte sich über die Küchentheke, um mir einen Kuss zu geben. „Das fände ich wunderbar."

In dieser Woche fragte ich die Kinder, die bei uns herumlungerten, ob sie mir nicht helfen wollten, Immergrün in die dunkle Frühlingserde zu pflanzen – und schon war eine neue Tradition geboren. Stolz halfen sie mir beim Gießen und Unkrautjäten, statt wie zuvor die Blumen auszureißen. Nur noch selten hörte man Schimpfwörter bei uns, weil keiner gerne für den Rest des Tages durch den Zaun zuschauen wollte, wie die anderen spielten.

Wir gewöhnten uns an, sonntags zu Fuß zur Kirche zu gehen. Am Ende des Sommers kannten wir bereits mehrere der Nachbarn, die an unserem Weg zur Kirche wohnten, mit Namen. Einer von ihnen begleitete uns sogar in den Gottesdienst.

Es wurde zu einem festen Ritual, abends auf der Treppe vor dem Haus zu sitzen, den Sonnenuntergang zu betrachten und Nachbarn zu grüßen.

Das zweite Bett im Zimmer der Jungs wurde durch ein Etagenbett ersetzt, damit es Dershawn bequemer hatte, wenn er bei uns übernachtete, was jetzt häufiger vorkam.

Ich tauschte Kürbiskuchen, den ich aus großen gelben Früchten vom eigenen Garten gebacken hatte, bei den Nachbarn gegen Tipps, wo es das beste Gemüse zu kaufen gab und wie man es am schmackhaftesten zubereitete.

Nach einem stürmischen Samstagnachmittag bei Dolores kehrte ich mit Zöpfen in meinen sonst glatten Haaren nach Hause zurück.

„Du solltest bei deinem knackigen Arsch ruhig engere Hosen tragen, Mädel", hatte sie zum Abschied gemeint. „Oho, pass nur auf! Ich würde meine eigene Großmutter verkaufen, um so einen Hintern zu bekommen."

Kommentare über die überhebliche Art der Weißen prallten an mir ab. Ich konterte, indem ich mich abfällig darüber äußerte, mit welcher Lautstärke sich die Farbigen immer unterhielten. Solche Kritik ließ uns nur umso fester zusammenstehen.

✳

Dann kam jener warme Oktoberabend, den ich nie vergessen werde. Ich war mit Chad auf dem Spielplatz gewesen und hatte mit den anderen Müttern geplaudert, die sich dort eingefunden hatten. Beschwingt kehrte ich nach Hause zurück.

„Oh Steve, wir haben gelacht, bis uns die Bäuche wehtaten." Ich hob Simon hoch und gab ihm einen Kuss. „Es ist erstaunlich – ich hätte das nie für möglich gehalten, aber ich lebe gerne hier!"

Steve nickte. „Ja, darüber musste ich auch schon nachdenken. In der Gemeinde hat mich jemand wegen des Hauses gefragt. Er wird heute Abend bei der Ausschuss-Sitzung auch dabei sein. Soll ich ihm sagen, dass wir das Haus nicht mehr verkaufen möchten?" Er zuckte mit den Achseln. „Ich glaube, wir können es uns ohnehin nicht leisten umzuziehen."

Ich musste kichern. „Dann werden wir wohl bleiben müssen."

Nachdem Steve das Haus verlassen hatte, steckte ich die Jungs ins Bett und ging selbst schlafen – müde, aber glücklich. Alles war wunderbar. Hätte mir in diesem Moment jemand gesagt, wie jäh mein Leben bald aus den Fugen geraten sollte, ich hätte es nicht geglaubt.

Es schienen nur ein paar Minuten vergangen zu sein, als das Licht in unserem Schlafzimmer anging. Missmutig zog ich mir die Decke übers Gesicht. „Mach das Licht aus,

Steve." Es wurde wieder dunkel. Widerwillig öffnete ich meine Augen und lugte unter der Decke hervor.

Der Mann, der in meinem Schlafzimmer stand, war nicht Steve.

Das Gemälde

„Besser, du weckst die Kinder nicht.

Du willst doch sicher nicht,

dass ihnen was passiert."

Im fahlen Widerschein der Flurbeleuchtung sah ich deine Silhouette – mir dämmerte, dass keine zwei Meter entfernt ein hoch gewachsener, farbiger Mann mit kräftigen Armen stand.

„Wer sind Sie?", fragte ich verschlafen.

Am liebsten hätte ich mich umgedreht und wäre wieder in meine Träume eingetaucht, doch der hässliche Klang deiner Stimme: „Das geht dich nichts an!", riss mich vollends aus dem Schlaf. Mit einem Schlag war ich hellwach und richtete meine ganze Aufmerksamkeit auf die Gestalt vor mir.

Eilig setzte ich mich auf. Du zogst ein Messer aus deiner Tasche.

„Oh nein", flüsterte ich und hob schützend meine Hände, so als hätte ich dich mit der schieren Kraft meines Willens von mir abhalten können. „Nein, tun Sie das nicht."

Du hättest davon ablassen können. Gott malt mit sorgfältigem Pinselstrich jedes kleinste Detail auf eine riesige Leinwand –, und er will ein schönes Bild malen. Und doch lässt er uns über jeden seiner Pinselstriche bestimmen.

„Tun Sie das nicht", sagte ich zu dir. „Lassen Sie mich für Sie beten."

Ich schleuderte dir diese Worte entgegen, während du mich zurück auf die Matratze stießest.

„Ich kann für Sie beten", flehte ich voller Verzweiflung.

Du lachtest nur, es war ein gemeines Lachen; ein Spott auf das, was dich hätte freimachen können. Du glaubtest, alle Macht in Händen zu haben.

Plötzlich wurde ich wütend. Ich fuhr hoch und versuchte aus dem Bett zu springen. Mein Widerstand wurde lauter.

„Aufhören!", schrie ich dir entgegen. „Hau ab!"

Es war ein kurzer Kampf, den es überhaupt nicht gebraucht hätte, denn deine nächsten Worte machten mich sofort zu einer willfährigen Beute: „Besser, du weckst die Kinder nicht. Du willst doch sicher nicht, dass ihnen was passiert."

In der Dunkelheit konnte ich dein Gesicht nicht erkennen. Ich war froh darüber, denn das ersparte mir, dem Bösen ins Auge zu schauen. Ich stöhnte auf, als du mich auf das Bett zurückstießest. Ich schluchzte aus Angst um die Kinder. Ich wusste ja nicht, ob du ihnen nicht schon längst etwas angetan hattest. Ich bat Gott um Schutz. Ich flehte Gott an, er möge mich aus dieser Lage befreien.

Du saßest am Fußende des Bettes und kichertest vor dich hin. Du benahmst dich einfach so, als hättest du ein Recht hier zu sein. Deine eine Hand strich sanft durch mein Haar, während deine andere mich mit einem Messer bedrohte.

„Es wird dir gefallen, Baby."

Dein Atem stank nach Bier; deine Worte fühlten sich an, als würdest du dich über mir übergeben. Langsam und sanft zogst du die Bettdecke zurück. Deine freie Hand glitt über meinen Körper und über das lange Flanellnachthemd, das ich trug. Erst wehrte ich mich gegen deine Berührungen; ich schlug dir auf die Hand und wand mich, so gut ich konnte. Aber das steigerte deine Lust nur.

„Du wirst begeistert sein, Baby. So gut hat's dir noch keiner besorgt."

Ist es möglich, dass du selbst geglaubt hast, was du da sagtest?

Als deine Finger unter mein Nachthemd glitten, war jede deiner Berührungen wie eine glühende Kohle auf meiner Haut.

„Du wirst darum betteln, dass ich's dir noch mal besorge, Baby."

Die scharfe Klinge deines Messers an meiner Kehle spürte ich kaum, umso mehr drangen deine kranken Worte in meine Seele. Instinktiv sprang ich auf und für einen Augenblick kam ich frei. Fast wäre mir die Flucht aus dem Bett gelungen.

Du reagiertest hastig und all der vorgeschobene Charme verschwand. Du nanntest mich eine „dreckige Hure" und schlugst mir ins Gesicht. Brutal packtest du mich und dein Messer ritzte

*die Haut an meinem Hals auf. Du schworst mir, ich würde ster-
ben, wenn ich mich noch ein einziges Mal rührte. Du rissest mir
die Unterhose vom Leib und schobst mir mit Gewalt das Nachthemd bis zum Hals hoch.*

Ich ertrug deinen schmutzigen Mund auf meinen Brüsten.

*Ich ertrug es, dass deine Finger und deine Zunge in mich ein-
drangen.*

Ich ertrug deinen Schweiß, der auf meinen Bauch tropfte.

*Dein lustvolles Spiel mit meinem Körper machte dir sichtlich
Spaß und schließlich kamst du zum letzten großen Akt. Ich
spürte deine Veränderung und wimmerte hörbar. Doch ich
glaube kaum, dass du mich zwischen all deinem Stöhnen und
Stoßen gehört hast.*

*Vielleicht hätte ich dieses Leid nicht ertragen können, wenn ich
nicht in mir einen Ort gefunden hätte, an dem der Tröster gegen-
wärtig ist. Möglicherweise hätte ich geschrien und hysterisch
Widerstand geleistet und dich zu noch schlimmeren Taten pro-
voziert. Vielleicht hätte ich die Kraft aufgebracht, dich mit deinem eigenen Messer zu töten. Oder ich selbst hätte den Wunsch
verspürt zu sterben. Doch statt alledem trat ich in diesen Raum
in mir ein – einen Ort, den Gott mir in diesem Moment offenbart
hatte, an dem ich mich in seinen heiligen Armen bergen konnte.
Lautlos betete ich und erfuhr die Nähe Gottes. Tränen rannen
mir die Wangen herunter – es waren die Tränen meiner Seele.
Und doch war ich in Sicherheit. Und so ertrug ich es.*

*Schweigend schrie ich zu Gott, der mich nur so viel erdulden
lässt, wie ich ertragen kann. Doch nun flehte ich nicht län-
ger um Schutz. Ich rief Gott an, er möge verhindern, dass dein
Schmutz mich vergiftet. Ich flehte um Erlösung – um deine
Erlösung. „Herr, vergib ihm." Das waren nicht meine eigenen
Worte.*

Einen Augenblick hieltest du inne und ich spürte, dass du mir ins Gesicht schautest. War das eine Reaktion auf das Wirken des Heiligen Geistes, der dich aufrief, von mir abzulassen und deine Tat zu bereuen? Oder suchtest du nur das Messer, das du fallen gelassen hattest?

Du wandtest dich wieder deiner gefährlichen Gier nach Macht zu: Für dich war es ein erhebendes Erlebnis, dir den Zugang in die Seele eines anderen Menschen zu erzwingen. Du wusstest nicht, dass du dabei warst, dich auf direktem Weg in die Finsternis ewiger Verdammnis zu befördern. Wenn du dort ankommst, erwartet dich weit Schlimmeres als eine Vergewaltigung. Selbst inmitten dieser Situation, in der unser tiefstes Sein auf so intime und unauslöschliche Weise miteinander verwoben war, wusste ich, dass wir weiter voneinander entfernt waren, als es zwei Menschen je sein konnten.

In meinem Herzen weinte ich um dich. „Vergib ihm. Er weiß nicht, was er tut."

Mein Bruder, du hättest auf das Drängen des Heiligen Geistes hören sollen.

Ich blieb an diesem verborgenen Ort, bis du mich am Arm zogst und mir befahlst, dir Geld zu besorgen. Schnell stieg ich aus dem Bett und zog mein Nachthemd über. Ich war dankbar über dieses kleine bisschen Privatsphäre.

Du fluchtest vor dich hin, weil du dein Messer verloren hattest.

Oh, ich wünschte, ich hätte in diesem Moment genug Geistesgegenwart besessen, mich zu wehren. Ich hätte die Chance ergreifen und fliehen können. Dann hättest du deine Suche nach dem Messer abbrechen müssen. Ich hätte auch die Energie des Adrenalinstoßes nutzen können, um dir irgendetwas über den Kopf zu hauen und zum Telefon zu eilen. Oder ich hätte mir wenigstens dein Aussehen einprägen können, um dich später der Polizei beschreiben zu können.

Stattdessen sank ich auf das Fußende des Bettes und vergrub mein Gesicht in den Händen. Ich realisierte nicht, was vor sich

ging. Mir war überhaupt nicht bewusst, dass ich im nächsten Augenblick sterben könnte. Mir war auch nicht bewusst, dass meine Kinder vielleicht bereits tot waren. Mir war nicht klar, dass ein Vergewaltiger ungehindert in mein Haus eingedrungen war. Ich nahm nur eines wahr: dass mein Herz nach etwas Verlorenem suchte – nach etwas, das ich verloren hatte und das ich niemals wieder finden würde.

In diesem Augenblick war ich mental nicht mehr anwesend.

*

Ich wusste nicht, dass du es warst, dessen Arm mich an sich zog. Ich erkannte nicht, dass es deine Stimme war, die beruhigend auf mich einsprach. Ich bemerkte nicht, dass ich mich an der Schulter des Mannes ausweinte, der mir dieses Leid angetan hatte. Das Einzige, was ich wahrnahm, war meine Sehnsucht, in all meiner Zerbrochenheit getröstet zu werden.

Ich frage mich, welche Farben Gott in diesem Moment verwandte, als er deine Umarmung auf die Leinwand brachte. Verwandelte sich das dunkle Violett unter dem Eindruck deiner Sanftheit in ein zartes Rosa? Oder wirbelte Gott mit dem Pinsel blutrote Striche auf das Bild, die sich langsam in ein tiefes Schwarz verfärbten, weil du nur auf neue Art versuchtest, mich zu beherrschen?

Einen Augenblick später gingen wir nach unten. Nun spürte ich nicht mehr den schützenden Arm, sondern nur noch das bedrohliche Messer. Mich packte Angst, als wir die Treppe hinuntergingen – dein massiger Schatten lag drohend über mir. In Gedanken überlegte ich mir, wie ich dich milde stimmen konnte. Wir hatten kein Bargeld im Haus, bis auf ein paar Münzen, die sich zusammen mit einigem Krimskrams in einem getöpferten Krug befanden. Trotzdem schüttete ich alles wie ein Versöhnungsopfer vor dir aus. Viel zu spät erinnerte ich mich daran, dass sich auch Steves Ehering unter dem Kleingeld

befand. Unter der Woche deponierte er ihn dort, damit er in seinem Beruf als Elektriker wegen des Rings keine gewischt bekam. Du stopftest dir einen Teil unseres Schatzes in die Taschen und schnapptest dir den Autoschlüssel. Dann drehtest du mich zur Treppe.

,Nicht noch einmal', durchfuhr es mich. ,Nicht noch einmal!'

Der Gestank deines Körpers umgab mich. Die Entscheidung lag nicht in meiner Hand. Furcht griff nach mir wie die Hand, die mich die Treppe hinaufschob. Du ließest nicht locker, bis ich auf das Bett sackte. Ich spürte, wie ich mich innerlich zurückzog, bis ich wieder an diesem sicheren Ort war.

„Wann kommt dein Mann nach Hause?", fragtest du. Unsere Gesichter berührten sich beinahe in der Dunkelheit. In diesem Moment erinnerte ich mich an meinen Drang zu überleben. Steve! Er konnte mich retten!

„Bald!", stieß ich mit neuer Hoffnung hervor. „Bald!"

Wir hörten ein Geräusch. Du hieltest mir den Mund zu und bedrohtest mich mit dem Messer. Meine Hoffnung erstarrte zu blanker Angst. Doch die eintretende Stille bewies, dass Steve noch nicht zurückgekehrt war. Du hättest ihn getötet.

„Hauen Sie ab!", riet ich dir mit Nachdruck in der Stimme, nachdem du die Hand von meinem Mund genommen hattest. „Er wird bald zu Hause sein. Also gehen Sie!"

Du durchwühltest mehrere Schubladen, bis du eine Feinstrumpfhose entdecktest.

„Hauen Sie endlich ab!", schrie ich noch einmal, während du mich auf den Bauch drehtest, um mir die Hände auf den Rücken zu fesseln. „Gehen Sie! Schnell!"

Ich hielt meine Handgelenke ein wenig auseinander, als du mich fesseltest. Hast du diese Selbstschutzmaßnahme wohl bemerkt und Gott erlaubt, ein paar weiche Pinselstriche zu ziehen? Oder warst du nur nachlässig, weil du es eilig hattest?

Die Spitze deines Messers fand erneut ihren Weg zu meinem Hals. Ich hörte giftige Worte aus deinem Mund kommen, aber

weil du so betrunken und erregt warst, konnte ich ihren Sinn nicht verstehen. Ich schwieg. Dein Gesicht kam näher und wieder knurrtest du etwas, aber noch immer verstand ich dich nicht.

„Ich kann Sie nicht hören", schluchzte ich, als sich der Druck des Messers in meinem Genick verstärkte und mir sagte, dass du auf eine Antwort wartetest.

Und dieses Mal verstand ich dich: „Ich bring dich um, wenn du auch nur einem Menschen von dieser Sache erzählst."

Die Worte zu verstehen war schlimmer, als sie nicht verstanden zu haben, denn ich wusste, dass du es ernst meintest.

„Was soll ich sagen?", flüsterte ich – dann warst du verschwunden.

✳

Die Stille dröhnte in meinen Ohren. Ich hob meinen Kopf ein Stück aus dem Kissen und lauschte. In meinen Schläfen pochte das Blut. In meinem Kopf hämmerte die Anspannung. Dunkelheit griff nach mir. Als ich mich zu rühren wagte, zog ich meine Hände aus der Fessel, dann lauschte ich wieder. Vorsichtig ging ich zur Tür, wieder lauschte ich. Schließlich wagte ich zu atmen.

Ich eilte in das Zimmer der Jungs, voller Angst, was ich dort vorfinden würde. Möge Gott dir alles vergeben, was du mir angetan hast – ich segne dich! Denn du hast meine Kleinen verschont.

Meine Kleinen! Es hielt mich nicht lange an einem der Betten, schon eilte ich mit Tränen in den Augen zum anderen hinüber, um meine friedlich schlafenden Jungs anzuschauen und ihre entspannten Gesichter zu berühren. Ihnen war nichts geschehen.

Meine unendliche Freude mischte sich mit grenzenloser Verzweiflung.

Vor lauter Tränen konnte ich fast nichts sehen und stolperte unsicher die Treppe hinunter. Die Tür zum Garten stand sperrangelweit offen. Ich schlug sie zu und verriegelte sämtliche Schlösser. Mit Mühe fand ich das Telefon und rief in der Gemeinde an.

Maryanns Mann ging an den Apparat.

„Byron!" Ich versuchte nicht, meine Erregung zu verbergen. „Ich brauche Steve!" Es war mir egal, dass mein Freund mein Schluchzen hören konnte. Er stellte keine Fragen und bald schon hörte ich Steves Stimme.

„Steve", ich fand keine Worte. „Steve ..."

„Was ist passiert?"

„Komm schnell nach Hause." Meine Stimme zitterte.

„Was ist geschehen?"

„Ich bin ..." Meine Kehle tat weh. „Ein Mann ist gekommen ..."

„Heather ..." Seine Stimme klang verzagt: „Was ist geschehen?"

„Steve", flüsterte ich, „ich bin vergewaltigt worden."

Ich kauerte mich in eine Ecke der Küche und lehnte meinen Körper gegen die Wand. Den Hörer presste ich gegen meine Brust. Selbst als Steve kam und mir den Hörer aus der Hand nahm, rührte ich mich nicht. Auch als er meine steifen Arme rieb und meinen Kopf hochhob, blieb ich starr.

Wieder war diese Leere in mir.

Der Alptraum geht weiter

Meine Augen straften ihn dafür,
dass er mir genau das vorwarf,
was ich mir selbst zum größten
Vorwurf machte:
meine Nachlässigkeit.
Es war mein Fehler gewesen.

Du hättest mich noch so gut fesseln können – es wäre nichts gewesen verglichen mit dem Gefängnis, das ich mir selbst baute, während ich dort auf dem Küchenboden kauerte.

Ich spürte Steves Hände in meinem Gesicht und hörte seine Stimme. Er versuchte mich aus mir selbst herauszulocken, doch ich blieb dort, wo ich mich sicher fühlte – dort in meiner Ecke, tief in meinem Innersten vergraben. Seine Worte klangen verzerrt und seine Hände fühlten sich kalt an. Ich sah ihn wie durch einen Schleier, obwohl keine Träne mein Auge trübte.

Als er sich von mir entfernte, spürte ich es an der Furcht, die mich plötzlich überkam. Ich musste wissen, wo er war, und das riss mich aus meinem Dämmerzustand. Nun merkte ich, wie verkrampft meine angezogenen Beine bereits waren und mit welcher Kraft ich meinen eigenen Arm umklammerte.

„Steve!", rief ich leise, aber doch voller Verzweiflung. „Wo bist du?" Ich löste meinen Griff, wagte jedoch nicht mich zu rühren.

Steve kam eilig in die Küche. „Ich bin ja da." Seine Stimme stockte. „Die Jungs schlafen fest."

Ich nickte. Er hatte mich wieder in den Arm genommen.

„Oh Heather." Sein Gesicht war vor Schmerz verzerrt, seine großen Augen voller Tränen.

Es klingelte an der Tür – ich empfand es wie das Kreischen eines höllischen Dämons. Man konnte uns von außen durch das Glas der Haustür sehen und ich fühlte mich nackt. Ich hielt mir die Ohren zu und rannte schreiend davon, um mich irgendwo zu verkriechen. Steve versuchte mich festzuhalten, doch sein Griff ging ins Leere und sein Ruf erreichte mich nicht: „Heather!"

Zitternd lehnte ich mich mit aller Kraft gegen die hintere Tür, die zum Garten führte.

Steve fand mich dort und nahm meine Hand. „Ich geh an die Tür. Warte hier auf mich."

„Nein!", flüsterte ich starr vor Schreck. „Es könnte wieder dieser Mann sein."

Das Licht auf der Veranda vor unserem Haus war an und Steve hatte hinausgeschaut, bevor er zu mir gekommen war.

„Es ist Maryann. Sie war heute Abend auch in der Gemeinde."

Misstrauisch lugte ich in den dunklen Flur hinein.

„Mach das Licht an!" Immer noch flüsterte ich.

Er schaltete das Licht an. „Siehst du, hier sind nur wir beide." Auch seine Stimme klang gedämpft. „Ich bin gleich wieder da." Er strich mir über mein zuckendes Gesicht.

Ich hörte sie reden und wusste nicht, was ich tun sollte. Sollte ich zu Steve gehen? Ohne ihn hatte ich Todesangst. Sollte ich mich so Maryann zeigen? Bei dem Gedanken wurde mir übel.

Steve war wieder da, noch bevor ich eine Entscheidung getroffen hatte.

„Heather, ich werde jetzt die Polizei rufen." Er nahm meine Hände.

„Polizei?" Ich begriff nicht, was er meinte.

„Ja. Willst du dich nicht anziehen?"

„Anziehen?"

„Ja. Du solltest dir etwas überziehen, bevor die Polizei eintrifft."

„Ich sollte mir etwas überziehen." Meine Worte klangen wie ein Tennisball, der verloren aus der Ecke des Platzes zurückprallt.

„Heather, geht es dir gut?"

„Mir geht's gut", ertönte mein Echo.

Er nahm mich bei der Hand und führte mich ins Wohnzimmer. Als wir am Telefon angelangt waren, ließ er mich los und schob mich mit sanftem Druck von sich weg: „Komm, zieh dich an!"

Ich blickte zur Treppe und schauderte. Steve beobachtete mich vom Telefon aus. „Nun geh schon!"

Gehen. – *Gehen Sie!* – Das hatte ich auch gesagt.

Nach einem kurzen Blick atmete ich tief durch. Das Licht im Treppenhaus war an und Chad und Simon lächelten mir aus einem Bilderrahmen entgegen. Steve blickte mir immer noch nach, doch dann nahm er den Hörer ab und schickte mich mit einer Handbewegung nach oben.

Na gut. Ich mühte mich auf Händen und Füßen die Treppe hinauf wie ein kleines Kind. Vor der Schlafzimmertür blieb ich nicht stehen, sondern stürzte gleich hinein und riss meinen Kleiderschrank auf, um mir eine Jeans und ein Sweatshirt zu holen. Ich warf mein Nachthemd und die Unterhose aufs Bett und ging ins Badezimmer, um die sauberen Kleider anzuziehen.

Die Dusche lockte mich mit dem Versprechen, mit ihrem warmen, klaren Wasser all den Dreck von mir herunterzuwaschen. Ich griff nach dem Hahn, doch da hörte ich plötzlich eine der Bohlen knarren. Mit einem lauten Aufschrei warf ich mich in meine Kleider. Auf meiner panischen Flucht zur Treppe rannte ich in Steve hinein und schrie erneut auf. Gerade noch konnte er meine Faust packen, bevor ich auf ihn einschlug.

„Schhhh", meinte er sanft. „Weck die Jungs nicht auf!"
Besser, du weckst die Kinder nicht.

Mein Schluchzen blieb mir in der Kehle stecken.

„Komm!" Er geleitete mich vorsichtig die Treppe hinunter. „Sie werden jeden Moment hier sein."

„Wer?"

„Die Polizei, Heather. Ich habe die Polizei gerufen."

Ich weiß nicht, ob es an seinem Tonfall lag – ein wenig gereizt und etwas hilflos. Doch was immer es war, mir blieb die Luft weg. Mit den Augen konnte ich alles klar erkennen –, die gerade Kante des Bücherregals und den weichen Stoff des Sofakissens –, doch in meinem Inneren war jede Wahrnehmung vernebelt.

„Die Polizei?" Ich starrte ihn an. „Sie kommen hierher?"

„Vielleicht fangen sie ja ..."

„Oh nein! Dieses Haus ist ein Saustall!" Ich wirbelte durch das Wohnzimmer, legte die Zeitung an ihren Platz, legte eine Decke zusammen und ordnete die Bücher im Regal. „Gott sei Dank habe ich das Geschirr gespült!"

„Heather, ..."

„Hier, räum den Teddybär weg!"

Er hob ihn auf und setzte ihn auf das Sofa.

„Hör doch mal zu!", sagte er. „Du wirst mit ihnen sprechen ..."

„Kannst du die Tür zur Waschküche schließen, bitte?"

„Nein."

Ich starrte ihn an.

„Nein!", sagte er noch einmal. „Das Haus ist völlig in Ordnung."

„Aber ..."

„Heather, die Polizei kommt, um mit dir über das zu sprechen, was gerade geschehen ist."

Mit einem Untersetzer in der Hand ließ ich mich aufs Sofa fallen und sprach ihm nach: „... was gerade geschehen ist." Das war keine Frage, doch Steve verstand es so.

„Heather, sag du es mir! Was ist geschehen?" Beinahe hätte er mich gepackt und geschüttelt.

„Maryann war hier." Ich blickte auf das blaue geschwungene Muster des Untersetzers, dann warf ich Steve einen stechenden Blick zu.

„Was hast du ihr erzählt?" Meine Stimme klang anklagend und mein Herz pochte wild. *Ich bring dich um, wenn du ...*

„Nichts!" Er setzte sich neben mich und nahm mir den Untersetzer aus der Hand. „Ich habe ihr nichts erzählt."

✳

Es klingelte an der Tür. Ich starrte auf meine leeren Hände, während Steve dem Polizeibeamten, der draußen wartete, öffnete. Natürlich war es ein Mann.

Seine Stimme klang freundlich, beinahe beschwingt, als er meinen Mann grüßte: „Guten Abend, Sir. Sind Sie Steve Gemmen?" Er sprach das „G" in unserem Namen weich aus, so wie beim Wort „German".

Steve hatte wohl genickt. Ich nahm eine der Decken, die ich gerade erst zusammengelegt hatte, und deckte mich bis zum Hals damit zu.

„Ich wurde über einen Vorfall in Ihrem Haus informiert. Dürfen wir hereinkommen?"

Ich spürte, dass Steve mich anschaute, aber ich wollte nicht aufblicken.

„Sir?"

„Ja, natürlich. Kommen Sie doch herein!"

Der Mann schlenderte zu mir herüber. Ich konnte seine selbstbewusste Ausstrahlung fühlen, ohne hinzusehen. Ich hörte noch einige andere Männerstimmen, die meinem Mann einen kurzen Gruß entgegennuschelten.

„Ma'am?"

Ich blickte nicht auf.

Er nahm in dem blauen Sessel gegenüber Platz. Steve und die Übrigen blieben an der Tür stehen.

„Ich bin Officer Long. Darf ich Ihnen ein paar Fragen stellen?"

Ich schaute Steve an. Er kam herüber und setzte sich neben mich – hätte er es nicht getan, wäre ich aufgesprungen und weggerannt.

Officer Long räusperte sich.

„Nehmen Sie sich doch einen Stuhl!", meinte Steve zu den anderen Männern. Aus seinem Mund klang das so unbeholfen. Er spielte normalerweise nie den Gastgeber. Sie holten sich Stühle aus dem Esszimmer und setzten sich im Halbkreis um mich herum.

Ich kam mir vor wie ein Kind, das oben auf dem 3-Meter-Brett steht und drum herum lauter ungeduldige, drängelnde Jugendliche. Oder wie die Person, die in einem dunklen verrauchten Keller genau unter der Glühbirne sitzt. Oder wie ein Vogel, der verzweifelt gegen die Scheibe flattert und keinen Fluchtweg findet.

„Ma'am?"

Steve drückte ermutigend mein Knie.

„Mrs Gemmen, sind Sie heute Abend Opfer eines Verbrechens geworden?"

Steve rutschte unsicher hin und her.

„Heather!" Die Stimme des Polizeibeamten klang jetzt ein klein wenig sanfter. „Sie müssen diese Frage beantworten, denn erst dann können wir Ermittlungen einleiten. Und das sollte so schnell wie möglich passieren. Draußen wartet eine Hundestaffel." Er räusperte sich noch einmal. „Sind Sie heute Abend Opfer eines Verbrechens geworden?"

„Ja", antwortete ich flüsternd.

„Wurden Sie vergewaltigt?"

Ich nickte.

„Kannten Sie den Täter?"

Ich schüttelte den Kopf.

Ich hörte, wie einer der Männer aufstand und nach draußen ging.

„Würden Sie mir bitte den Ablauf des Abends schildern?"

Ich blickte zu den drei Polizisten auf, die mich umringten. Officer Long hielt einen Notizblock in seinen dicken Fingern. Seine blauen Augen durchbohrten mich förmlich. Die anderen saßen scheinbar gelangweilt daneben – mit übergeschlagenen Beinen, die Arme hinter dem Kopf verschränkt. Einer von ihnen hatte sich weit zurückgelehnt und schaukelte mit dem Stuhl vor und zurück.

„Ich ... ich kann das nicht." Hilfe suchend schaute ich Steve an. Aber ich wusste, dass er mir nicht helfen konnte. Auch er wollte, dass ich redete, damit die Spannung weichen konnte, damit das Unfassbare fassbar wurde, damit das Problem gelöst werden konnte.

„Ist das Verbrechen hier im Haus geschehen?", fragte der Polizist.

Ich nickte und warf einen kurzen Blick auf die beiden anderen Beamten, bevor ich schnell den Kopf senkte und wieder auf meine Hände starrte. Einer der Männer hatte ein Bild unserer Familie in die Hand genommen und betrachtete es eingehend. Der andere fuhr mit seinen Fingern über einen Riss, der sich in der Maserung des Stuhles gebildet hatte.

„Steve", flüsterte ich. Alle lauschten, doch ich sprach nur zu Steve. „Hier sind zu viele Menschen." Mein Flehen klang erbärmlich wie die Worte eines Kindes, das sich hinter dem Rockzipfel der Mutter vor eine Horde jugendlicher Flegel versteckt. Aber die Alternative war noch schlimmer.

„Okay, Jungs!", sagte Officer Long. Die Männer standen auf und gingen zur Tür. Dort warteten sie und schauten gelangweilt aus dem Fenster.

„Geschah das Verbrechen hier im Wohnzimmer?"

Ich schüttelte den Kopf.

„Heather, Sie müssen mir schon ein wenig helfen. Wo fand die Vergewaltigung statt?" Sein Tonfall forderte meine Kooperationsbereitschaft.

„Oben, im Schlafzimmer."

„Mr Gemmen, dürfen wir uns oben ein bisschen umschauen?"

Steve stimmte zu und die beiden Fremden, die in meinem Wohnzimmer herumgelungert hatten, gingen hinauf – am Zimmer unserer schlafenden Kinder vorbei – und betraten ohne Begleitung unsere privatesten Räume. Sie nahmen meine Unterhose, mein Nachthemd, meine Bettwäsche und meine nagelneue Decke mit. Das Pulver, mit dem sie Fingerabdrücke nahmen, hinterließ überall schmierige Flecken – auf den Türklinken und auf sämtlichen Schubladen.

„Gut – von vorne. Erzählen Sie mir genau, was passiert ist!", forderte Officer Long mich auf.

„Ein Mann kam ins Haus und zwang mich, mit ihm zu schlafen."

„Haben Sie ihn hereingelassen?"

Ich warf ihm einen feindseligen Blick zu, doch sein Gesicht zeigte keine Regung. Trotzdem gab ich ihm ein brummiges „Nein" zur Antwort. Diesmal senkte ich nicht den Blick. Ich faltete die Decke zusammen und schwang sie über die Armlehne – das verängstigte Kind, das seit dem Übergriff in mir gewesen war, wurde wie die Decke weggepackt.

„Und wie ist er dann ins Haus gekommen?"

„Wahrscheinlich durch die Tür zum Garten."

„War die Tür unverschlossen?" Er zog die Augenbrauen hoch.

„Ja." Meine ganze Bitterkeit traf diesen Polizeibeamten, der mich zu verhöhnen schien. Meine Augen straften ihn

dafür, dass er mir genau das vorwarf, was ich mir selbst zum größten Vorwurf machte: meine Nachlässigkeit. Es war mein Fehler gewesen.

Er lehnte sich zurück und kreuzte seine fetten Beine, sodass sein rechter Fuß wie eine Pfeilspitze auf mich gerichtet war.

„Wie kommt es überhaupt, dass Leute wie Sie in einem solchen Viertel wohnen?" Er schüttelte den Kopf, als wolle er seine eigene Frage verscheuchen. „Na, wie auch immer. Sie lassen also nachts die Haustür offen?"

„Dieses Viertel ist unser Zuhause." Während ich mich angriffslustig nach vorne beugte, lehnte Steve sich zurück.

Doch Officer Long ließ nicht locker: „Bitte beantworten Sie die Frage!"

Ich spürte, wie ich zu zittern begann. „Steve sollte bald nach Hause kommen und ich habe mir keine Sorgen gemacht. Ich lasse manchmal die Tür unverschlossen."

„Sie wohnen in einem der gefährlichsten Viertel dieser Stadt und machen sich keine Sorgen?"

„Nein!", verteidigte ich mich. „Unsere Nachbarn sind gute Leute." Meine Stimme wurde aggressiver.

„Könnte es sein, dass der Mann in Ihrem Schlafzimmer einer dieser Nachbarn gewesen ist?"

Ich zögerte keinen Augenblick: „Nein."

Officer Long lehnte sich betont lässig zurück, dann fragte er mich wieder: „Heather, sind Sie sich ganz sicher, dass Sie den Mann, der heute Nacht in Ihrem Schlafzimmer war, nicht kennen?"

Steve erhob sich und ging unruhig auf und ab.

„Ich hab ja noch nicht mal sein Gesicht gesehen."

„Bitte beantworten Sie die Frage!"

„Nein! Ich weiß nicht, wer es war, und ich habe nicht gewollt, dass er mein Haus betritt, und jede Sekunde, in

85

der er mit seinen schmutzigen Händen meinen Körper berührte, war mir ein Gräuel!"

„Haben Sie ihm das gesagt?"

„Natürlich habe ich ihm das gesagt! Ich habe geschrien und auf ihn eingeschlagen und ihm gesagt, er solle mich in Ruhe lassen."

„Trotzdem hat er bekommen, was er wollte?"

„Er hielt mir ein Messer an die Kehle und er drohte damit, die Kinder zu töten, wenn ich ihm nicht gehorche!"

Officer Long lehnte sich wieder vor. Ich konnte den Knoblauchgestank aus seinem Mund riechen. „Heather, Sie sind gerade ein wenig erregt. Vielleicht ist es besser, wenn Sie sich erst mal ein Glas Wasser holen, und wir machen weiter, wenn Sie sich wieder etwas beruhigt haben."

„Nein! Ich möchte das hinter mich bringen, damit Sie mein Haus wieder verlassen können."

Ich schaute zu Steve, weil ich wissen wollte, ob ich zu scharf reagiert hatte, aber ich konnte seinen Gesichtsausdruck nicht deuten.

„In Ordnung! Dann fangen Sie doch einfach von vorne an und sagen mir, was geschehen ist!"

„Officer …" Ich war überrascht, dass Steve sich in die Diskussion einklinkte. „… meine Frau rief mich direkt nach der Vergewaltigung im Gemeindezentrum an. Sie stand völlig unter Schock. Als ich in unsere Einfahrt einbog, sah ich, dass die Wagentür offen stand und der Motor lief. Der Täter hatte wohl versucht, mit dem Auto zu fliehen, hat aber den Rückwärtsgang nicht einlegen können."

Der Beamte schaute mich an: „Haben Sie dem Mann die Autoschlüssel gegeben?"

„Er hat sie sich genommen. Sie lagen auf dem Küchentisch."

„Okay. Sagen Sie mir, was geschah – am besten von Anfang an!"

Beinahe hätte ich seine ewigen Wiederholungen nachgeäfft, stattdessen verschränkte ich die Arme und schaute zum Fenster hinaus. „Ich war früh ins Bett gegangen ..."

„Wann genau?"

„Etwa um neun. Ich bin auch gleich eingeschlafen. Ich wachte auf, als jemand das Licht anschaltete."

„Hatten Sie nicht gesagt, Sie konnten sein Gesicht nicht sehen?"

„Das habe ich auch nicht. Ich zog mir die Bettdecke übers Gesicht, weil ich dachte, es wäre Steve."

„Um wie viel Uhr war das?"

„Ich weiß nicht – etwa halb zehn."

Officer Long schaute auf seine Armbanduhr: „Jetzt ist es nach elf. Wie lange blieb er im Haus?"

Ich zuckte mit den Achseln. „Wann hab ich dich angerufen, Steve?"

„Kurz nach zehn."

„Und der vermeintliche Vergewaltiger verließ den Tatort, unmittelbar bevor Sie Ihren Mann anriefen?"

Ich kniff die Augen zusammen. „Ja."

„Er hatte also etwa eine Stunde, um sich aus dem Staub zu machen. Warum haben Sie nicht gleich die Polizei gerufen?"

„Ich hab nicht dran gedacht."

„Sie haben nicht daran gedacht, die Polizei zu rufen?"

Ich schüttelte den Kopf. *Warum hatte ich daran nicht gedacht?*

Officer Long rollte mit den Augen und seufzte.

„Nun gut. Und was geschah dann?"

„Ich ging um circa neun Uhr ins Bett und bin sofort eingeschlafen. Ich erwachte, als ein Mann das Licht anschaltete." Ich machte eine Pause. Officer Long trommelte mit

den Fingern auf seinen Notizblock. Sein Ehering war von dicken Speckfalten umschlossen. „Nun ja, er … er ließ deutlich erkennen, was er wollte."

„Bleiben Sie bitte bei den Fakten!"

„Was soll ich denn sonst sagen?" Ich vergrub mein Gesicht in den Händen. „Er hat mich vergewaltigt, okay? Muss ich das sagen?".

„Ja, ich fürchte, das müssen Sie. Und Sie müssen mir alles sagen, was er gemacht hat. Wenn wir den Kerl schnappen, werden wir ihn mit jeder Einzelheit seiner Tat konfrontieren – falls Sie Anzeige erstatten."

Ich bring dich um, wenn du …

Ich schwieg.

„Wenn Sie von Vergewaltigung sprechen, heißt das, dass es zum Sexualverkehr kam?"

Ich nickte. Ich blickte auf die Decke, zog sie jedoch nicht herüber.

„Ist er noch auf andere Weise in Sie eingedrungen?"

Wieder nickte ich.

Steve setzte sich zu mir.

„Sie müssen mir das sagen, Mrs Gemmen!" Wieder hörte ich ihn mit den Fingern trommeln.

„Mit der Zunge, den Fingern. Ich weiß nicht. Ich habe versucht, möglichst nichts davon mitzubekommen."

„Wie oft?"

Ich schaute ihn an. Er saß auf der Kante des Stuhls.

Die Beamten, die oben gewesen waren, eilten mit mehreren Plastiksäcken zur Tür heraus.

„Wir können ihn für jede einzelne Tat drankriegen", meinte Officer Long.

„Ich weiß es nicht. Ich weiß es nicht, okay?" Ich schaute zu Steve herüber: „Steve! Muss ich das alles…"

In den Augen meines Mannes spiegelte sich Furcht. „Nein, Heather. Das musst du nicht." Er nahm meine Hand

so fest, dass ich das Gefühl hatte, er würde mir die Finger zerquetschen. „Officer, meine Frau hat ihre Aussage gemacht. Würden Sie uns jetzt bitte allein lassen?"

Der Polizeibeamte erhob sich, rückte seine Hose zurecht und steckte seinen Notizblock in die Brusttasche seiner Uniform. „Ich würde gerne zustimmen, aber leider muss ich Ihre Frau noch bitten, mit uns ins Krankenhaus zu fahren, damit wir die nötigen Indizien sichern. Wir bringen Sie gerne mit dem Streifenwagen dorthin."

„Ich will nicht ins Krankenhaus, Steve."

„Das ist natürlich Ihre Entscheidung, Mrs Gemmen. Aber wenn wir gegen den Kerl etwas in der Hand haben sollen, dann müssen Sie schon ein paar Prozeduren über sich ergehen lassen."

„Was möchtest du tun, Heather?", fragte Steve mich, ohne den Polizisten zu beachten.

„Ich weiß nicht." Ich wäre am liebsten weggefahren und hätte mich in irgendeinem Nobelhotel einquartiert, um in einer heißen sprudelnden Badewanne zu vergessen, dass dieser Abend je stattgefunden hatte.

„Ich denke, wenn du es schaffst, solltest du hingehen." Steves Gesichtsausdruck war genauso durcheinander wie meine Gedanken.

„Okay." Ich nahm die Decke und hüllte mich darin ein. „Was machen wir mit den Kindern?"

„Mr Gemmen, wir können Ihre Frau gerne zum Krankenhaus fahren, falls Sie bei den Kindern bleiben müssen."

„Nein!"

„Nein, wir finden schon jemanden, der auf sie aufpasst."

Officer Long entschuldigte sich: „Wir sind draußen, falls Sie uns brauchen."

Steve ging ans Telefon.

Ich lehnte meinen Kopf zurück und wartete darauf, dass mir jemand sagte, was ich als Nächstes zu tun hatte.

*

Kurze Zeit später klingelte es an der Tür und Steve ging hin, um zu öffnen. Ich hörte nicht zu, was er mit unseren Freunden besprach, die gekommen waren, um Chad und Simon über Nacht bei sich aufzunehmen. Auch die mir angebotene Umarmung nahm ich nicht an. Ich gab noch nicht einmal meinen beiden schlafenden Kindern einen Abschiedskuss.

Ich zog mir die Schuhe und den Mantel an, den Steve mir brachte. Mechanisch ging ich zur Tür.

Ich schrie auf.

Die blauen und roten Lichter einer ganzen Karawane von Streifenwagen blitzten überall am Straßenrand auf. Männer in Uniform standen in unserem Vorgarten herum. Auf dem Gehweg hatte sich eine große Menschenmenge versammelt, darunter auch Dershawns Mutter und andere, die ich kannte.

„Ich kann das nicht!" Ich hatte mich in die Küche zurückgezogen. „Ich kann da nicht durchgehen."

Steve ließ mich an der hinteren Tür zurück, während er den Wagen holte. Als wir die Einfahrt passierten, versteckte ich mich unter meinem Mantel und klammerte mich verängstigt an Steves Arm.

Der Alptraum war noch immer nicht zu Ende.

Auf dem Boden
der Tatsachen

Wenn man den Tod in Form einer kleinen rosa Pille in Händen hält, wirkt er gar nicht mehr so grausam und endgültig.

*Man sagt, Polizeihunde riechen, wenn jemand Angst hat. Du
kannst dir gar nicht vorstellen, welche Befriedigung es mir berei-
tet zu wissen, dass du Angst hattest, dass deine Nerven ebenso
blank lagen wie meine.*

Ich kann da nicht reingehen, Steve." Wir saßen vor dem
Krankenhaus im Wagen. Ich sah Officer Long auf uns
zukommen. „Und ich kann diesen Polizisten nicht mehr
sehen."

Einen Augenblick lang sah es so aus, als wolle Steve mir
Recht geben, als fände auch er die Idee verlockend, diesen
Krankenhausparkplatz auf Nimmerwiedersehen zu verlas-
sen.

Aber er holte tief Luft und drückte meine Hand. „Du
schaffst das. Ich werde bei dir bleiben."

Er öffnete die Fahrertür und lief um den Wagen, um mir
die Tür aufzuhalten. Auch ich atmete tief durch.

Der Polizeibeamte hielt ein wenig Abstand, als wir
gemeinsam auf den Eingang der Notaufnahme zugingen.
Bevor wir die Anmeldung erreichten, bat er uns, einen
Augenblick lang Platz zu nehmen, damit er die Formalitä-
ten erledigen konnte.

„Mir ist bewusst, dass Sie so viel Diskretion wie möglich wünschen, Mrs Gemmen. Darf ich trotzdem dem
Krankenhauspersonal den Grund Ihres Kommens mitteilen?"

Ich nickte und ging auf einen Stuhl im hintersten
Winkel der Wartezone zu. Ich starrte auf einen Fernsehschirm. Doch weder die dort gezeigten Gewaltszenen
noch die Bierwerbung noch Steves Arm um meine Schultern konnten mich zu irgendeiner menschlichen Regung
verleiten. Schließlich schaute ich mich im Wartebereich
um.

Da war eine Asiatin, die ein Neugeborenes in ihren Armen wiegte. Das Kind trug nichts außer einer Windel.

Ein drahtiger Mann süd- oder mittelamerikanischer Abstammung stand unentwegt auf, nur um sich gleich wieder zu setzen. Dabei ballte er die Fäuste und warf der Schwester an der Anmeldung wütende Blicke zu. Um seinen Unterarm trug er ein blutgetränktes Tuch.

Ein hübsches blondes Mädchen mit weißen Shorts und weißem Sweatshirt lehnte sich an einen attraktiven jungen Farbigen. Er trug die Uniform einer Hockeymannschaft und hielt sich ein Handtuch an die Stirn. Sie flüsterten unentwegt miteinander. Einmal lachte sie laut auf, presste jedoch schnell ihren Mund gegen seine Schulter und reduzierte ihre Liebesbezeugungen wieder auf ein breites Grinsen.

Ein älterer Mann umklammerte den Stock auf seinem Schoß. Seine ihn unablässig umsorgende, ebenso gebrechliche Frau ignorierte er völlig. Hin und wieder nahm er sein Gebiss heraus, um mit der Zunge über sein Zahnfleisch zu fahren.

Die Frau reichte ihm eine Tasse Kaffee. „Pass auf, er ist heiß!" Er meckerte, doch sie sprach einfach weiter. „Sind nicht viele Leute hier heut Nacht."

„Ich bin hier." Der Mann spuckte diese Worte förmlich aus seinem Mund.

„Ich hätte gedacht, es würde voller sein. Aber es sind gar nicht so viele da."

„Ich bin hier."

„Ist schon erstaunlich, bei einer Stadt von dieser Größe müssten doch eigentlich mehr Leute in der Notaufnahme sitzen."

„Ich bin hier." Der alte Mann saß gekrümmt in seinem Stuhl, ohne sich zu regen.

Ich bin auch hier, schrie ich ihr wortlos entgegen.

Ich blickte zu Steve, der immer noch seinen Arm um mich gelegt hatte. Er hatte Ringe um die Augen und sein Kinn war unrasiert. Er war nicht mehr der junge Mann, in den ich mich vor fast zehn Jahren verliebt hatte. Er sah inzwischen viel kräftiger aus. Ich lehnte mich an seine Schulter und er legte seinen Kopf einen Augenblick lang auf den meinen.

„Heather Gemmen!" Die Worte der Schwester kamen überraschend. Steve stand auf und wartete ruhig, bis ich genügend Kraft gesammelt hatte, um mich zu erheben. Die Schwester senkte den Blick, als wir uns ihr näherten.

„Kommen Sie nur, meine Liebe!", meinte sie. „Ist das Ihr Ehemann?"

Steve schob mich durch die geöffnete Tür. Ich nickte.

„Möchten Sie, dass er Sie begleitet?" Sie sprach sehr behutsam.

„Ja." Ich nahm Steves Hand. „Ja, das will ich", sagte ich fest und floh in die Geborgenheit seiner Nähe.

Ich fragte mich, ob er in diesem Augenblick wohl an den letzten Samstag denken musste, als ich mich an den Schreibtisch gesetzt und lautstark verkündet hatte, dass ich von nun an die Finanzen der Familie verwalten würde. Oder ob ihm wohl meine Rede über die Emanzipation der Frau in den Ohren klang, mit der ich die Entscheidung einer guten Freundin, Pfarrerin zu werden, rechtfertigte. Oder dachte er womöglich gerade daran, wie sehr ich seine gelassene Art in der Regel auszunutzen wusste. Mir war meine veränderte Haltung durchaus bewusst und ich schämte mich dafür, so abhängig von ihm zu sein. Doch wie er da so all das Drumherum für mich erledigte, Fragen zum Ausgangsbefund beantwortete und mit sensibel gewählten Worten ausdrückte, warum wir hier waren, da war ich froh, mich im Hintergrund halten zu können.

Ich brauchte meine ganze Energie, um mich gegen dieses ungewohnte Gefühl der Angst zur Wehr zu setzen, das mich von allen Seiten zu umringen schien. Mal verschwand die Angst einen kurzen Augenblick, dann fiel sie erneut über mich her. Vor ein paar Stunden noch schien sie mich völlig in ihrer Gewalt zu haben, doch ich wollte mich ihr nicht ergeben – dafür empfand ich den Verlust meines gewohnten Lebensmutes zu krass.

Ja, ich hatte meinen Mut verloren. Doch nicht nur das, ich hatte auch meine Selbstständigkeit verloren – und meine Zähigkeit, mein Selbstvertrauen. Sie waren aus meinem Leben gerissen worden, doch äußerlich sah man keine Wunden. Sie hatten zu meinen Stärken gehört. Was war jetzt noch davon übrig?

Meine Stärken. Wann war ich jemals zuvor von Steve abhängig gewesen? Wann war ich jemals zuvor so froh gewesen, mich bei ihm bergen zu können? Ich klammerte mich an seinen Arm und erlebte, dass ich gehalten wurde. Ich vertraute mich seinem Schutz an und erfuhr seine Liebe. Ich flüchtete mich in die fürsorglichen Arme meines Mannes, doch das bedeutete nicht, dass ich vor dem Feind kapitulierte, der dort draußen vor den Pforten meines Herzens auf mich lauerte.

„Der Arzt wird noch eine Weile brauchen, Heather", meinte die Schwester zu mir, während wir die Korridore ins Innere des Krankenhauses entlanggingen. „Wir können in der Zeit einige andere Dinge erledigen."

Ich setzte mich auf die Behandlungsliege, damit sie meine Temperatur messen und Blut abnehmen konnte. Steve blieb währenddessen an der Tür stehen. Sie fragte mich, ob ich Schmerzen hätte und ob ich einverstanden

wäre, wenn jemand vom psychologischen Dienst nach mir sehen würde.

Dann legte sie mir die Hand auf den Arm. „Heather", sagte sie, „können Sie mir sagen, was geschehen ist?"

Ich wollte nicht. „Ein Mann drang in unser Haus ein ..." Hilfe suchend blickte ich Steve an.

„Sie wurde vergewaltigt", sagte Steve schlicht.

„Was genau hat der Mann getan, Heather?" Die Stimme der Krankenschwester klang sanft und freundlich, aber ihre Worte brannten wie Feuer.

„Ich weiß nicht. Er hat mich geschlagen."

„Haben Sie irgendwelche äußeren Verletzungen davongetragen – Prellungen oder offene Wunden?"

„Ich glaube nicht."

„Was geschah noch?"

„Ich weiß nicht. Er ...", meine Stimme versagte wieder.

„Sie hat das alles bereits der Polizei erzählt", warf Steve mit erregter Stimme ein.

Die Schwester wandte sich ihm zu und nahm ihn beim Arm. „Das weiß ich doch, mein Junge. Es tut mir ja auch leid, dass wir diese Fragen wieder stellen müssen." Dann wandte sie sich wieder mir zu, in ihren Augen war die Spur einer Träne zu sehen. Manchmal, wenn ich meine Emotionen nur noch mit Mühe unter Kontrolle halten kann, braucht es nur noch einen einzigen mitfühlenden Blick und schon löst sich meine ganze Tapferkeit in Tränen auf. Und je mehr ich versuche, sie zurückzuhalten, umso mehr drängen sie an die Oberfläche. In solchen Momenten entschuldige ich mich gewöhnlich und verschwinde auf der Damentoilette, bis ich meine Fassung zurückgewonnen habe. Doch als meine Tränen diesmal unter meinen Augenlidern hervorquollen, konnte ich nur noch meine Haare übers Gesicht fallen lassen, um nicht zu zeigen, wie verletzlich ich war.

Den Blick auf die Schuhe der Schwester vor mir gerichtet, erzählte ich flüsternd und in gekürzter Form, was geschehen war.

Die Schwester schob mir die Haare hinter die Ohren, bevor sie zur Tür ging. „Ich habe Ihnen ein Untersuchungshemd zurechtgelegt, Heather. Bitte ziehen Sie Ihre Unterwäsche aus und schlüpfen Sie in das Hemd hinein. Der Arzt müsste jeden Augenblick kommen. Ich zeige Ihrem Mann inzwischen, wo er in Ruhe warten kann, bis die Untersuchungen beendet sind."

Wir erhoben keinen Einspruch und Steve verließ mit ihr den Raum. Ich hörte, wie sich die Tür mit einem leisen Klicken hinter ihm schloss, und mir war, als zerrisse mit diesem Geräusch der dünne Faden, der mich mit dem sicheren Ufer verband. Nun war ich allein.

*

Friedfertigkeit war es nicht, die mich davon abhielt, auf Steves Anwesenheit zu bestehen – auch wenn ich mir wünschte, es so erklären zu können. Doch wenn es das gewesen wäre, dann zeigte sich diese „Sanftmut" offensichtlich nur gegenüber Fremden. Steve brüllte ich schon wegen der kleinsten Kleinigkeiten an: wenn er vergaß, die Wäsche aus der Maschine zu holen und in den Trockner zu tun; oder wenn er, statt mir zuzuhören, seine Aufmerksamkeit lieber einer Radiowerbung widmete; oder wenn er den Kindern gegenüber zu nachlässig war. Die Kinder brüllte ich wegen noch kleinerer Lappalien an: wenn das Spielzeug abends nicht aufgeräumt wurde oder wenn sie wegen einer angehauenen Zehe zu lange heulten oder wenn sie von einem Apfel nur die Hälfte aßen und den Rest fortwarfen.

Es war nicht so sehr Angst, die mich davon abhielt, mein Recht einzufordern. Die Angst war der Grund, warum ich

ihn bei mir haben wollte. Doch dass ich nicht darauf bestand, lag an meiner überzogenen Höflichkeit. Gutes Benehmen war mein oberstes Gebot.

Und so tat ich, was sich meiner Meinung nach gehörte, obwohl ich mich so einsam und verletzlich fühlte: Ich legte meine Kleidung zusammen und schlüpfte in das dünne Hemdchen. Ich saß still auf der Behandlungsliege, die Hände im Schoß gefaltet. Ich war so sehr darum bemüht gewesen, mich angemessen zu verhalten, und nun musste ich mich ohne Steves Beistand den frontalen Angriffen meiner Angst stellen. Ich fühlte mich wie ein Kind, das in seinem Bettchen liegt und von unsichtbaren Monstern umzingelt ist; ich hatte Angst, meine Verzweiflung könnte mich geradezu verschlingen, wenn ich ihr nicht aus dem Weg ginge. So blieb ich still und ruhig, bis auf den kalten Schauer, der mir hin und wieder über den Rücken lief.

„Kommen Sie herein!", rief ich, als es an der Tür klopfte.

Ein farbiger Mann steckte den Kopf durch die Tür, ein Gesicht mit dicken Lippen lächelte mir entgegen: „Hallo! Sind Sie Heather?"

Ich nickte. Meine Handflächen begannen zu schwitzen.

Der Mann trat vollends ein und schickte sich an, die Tür zu schließen. Ich starrte auf seinen massigen Rücken.

„Warten Sie!", erklang eine weibliche Stimme aus dem Flur. „Der Arzt war noch nicht bei ihr."

„Oh!" Der Mann wandte sich erneut mir zu. „Entschuldigen Sie. Ich komme später noch mal."

Er schloss die Tür hinter sich und eine weitere halbe Stunde kämpfte ich gegen meine Angst an.

✳

„Kommen Sie herein!", flüsterte ich, als es wieder an der Tür klopfte. Ein Mann in mittlerem Alter trat ein. Unter seinem Kittel trug er ein Hemd mit Krawatte. Er lächelte nicht, doch sein Blick wirkte freundlich. Und er sah müde aus.

„Hallo, Heather", grüßte er mich, während er die Tür schloss. „Mein Name ist Dr. Manz. Es tut mir leid, dass Sie so lange warten mussten."

„Das macht nichts", antwortete die wohl erzogene Heather in mir.

Er setzte sich, ohne einen Blick in die Patientenkartei in seiner Hand zu werfen. „Wie geht es Ihnen?" Seine Frage war keine reine Floskel.

Ich zuckte mit den Achseln. „Wissen Sie, wo mein Mann ist?" Ich bereute meine Frage sofort, weil sie meine ganze Unsicherheit offenbarte und das hasste ich.

Der Arzt zog die Augenbrauen hoch. „Ich vermute, er ist in der Wartezone oder in der Cafeteria. Möchten Sie ihn bei sich haben?"

„Ja, wenn das geht."

„Gut. Sobald wir hier fertig sind, bitte ich die Schwester, ihn zu holen."

Er nahm einen kleinen Hammer und testete meine Reflexe. Sie waren ausgezeichnet. „Tut Ihnen irgendetwas weh, Heather?"

Ich schüttelte den Kopf.

Er nahm das Stethoskop und horchte meine Lungen ab.

„Können Sie mir sagen, was passiert ist?"

Ich konnte sein Gesicht nicht sehen, aber ich spürte den Druck seiner Finger auf meiner linken Schulter. Ich war überrascht, dass ich diese Berührung als angenehm empfand.

„Nun, ...", ich fing an zu zittern.

Er wartete. Seine Hand lag immer noch auf meiner Schulter.

„Nun, ein Mann ist in unser Haus eingedrungen."

Dr. Manz setzte das Stethoskop an eine andere Stelle. „Mmh mmh."

„Er hat mich auch geschlagen." Ich kreuzte die Arme, um mir die Schultern zu reiben.

„Holen Sie noch einmal tief Luft, Heather!"

Ich atmete gleich zweimal tief durch.

„Sehr gut", meinte er.

„Er hat damit gedroht, die Kinder zu töten, wenn ich mich rühre. Also hab ich still gehalten."

Worte rasten durch meinen Kopf und ich fragte mich, welche davon ich aussprechen sollte, fand aber keine Antwort.

„Hatten Sie Verkehr?", fragte Dr. Manz geduldig.

Ich nickte.

„Haben Sie Ihre Zustimmung gegeben oder hat er Sie zum Verkehr gezwungen?"

„Nein." Ich schüttelte kurz den Kopf.

„Also hat er Sie vergewaltigt, Heather."

Dr. Manz' Worte klangen nicht harsch. Sie waren eher wie Balsam auf einer offenen Wunde. „Es war nicht Ihre Schuld."

Ich seufzte laut auf und atmete tief durch.

Dr. Manz legte sich das Stethoskop um den Hals und trat vor mich. Er schaute mir direkt in die Augen und sagte noch einmal: „Es war nicht Ihre Schuld."

„Aber ich hatte die Tür nicht verriegelt", flüsterte ich. Und das war nicht mein einziger Gedanke: *Ich habe zu schnell nachgegeben. Ich habe mich von seinen Armen trösten lassen, als ich weinte. Ich habe nicht die Polizei gerufen.*

„Haben Sie ihn hereingebeten?" Er schien die Antwort bereits zu kennen.

„Nein." Warum also diese Schuldgefühle, die sich wie eine kalte Hand auf meinen Nacken legten?

„Na, also." Der Arzt zog die Augenbrauen hoch, als wolle er sagen: Ich habe es Ihnen doch gleich gesagt.

Wieder holte ich tief Luft.

„Was ist passiert? Sagen Sie es mir!"

Das tat ich dann auch. Ich erzählte die Geschichte nun zum dritten Mal in dieser Nacht.

Dr. Manz schien sämtliche sonstigen Aufgaben vergessen zu haben. Er stellte die passenden Fragen und zeigte seine Bereitschaft, sich um mich zu kümmern.

Als ich meine Geschichte zu Ende erzählt hatte, pfiff er durch die Zähne und meinte: „Sie sind eine tapfere Frau, Heather." Er fuhr sich mit der Hand über die Augenbrauen und sagte dann: „Leider muss ich Ihnen sagen, dass Sie noch einmal ganz tapfer sein müssen. Schaffen Sie das?"

„Worum geht es?"

„Ich muss einige Detektivarbeit leisten, um herauszufinden, ob wir etwas über den Mann in Erfahrung bringen können. Ich werde eine Schwester rufen, die mir assistieren wird. Wir werden Ihnen für eine DNA-Analyse ein paar Haare ausreißen. Nun, und außerdem werden wir nachsehen, ob sich in Ihren Schamhaaren noch irgendwelche Hinweise auf den Täter finden. Sind Sie bereit?"

Ich war nicht bereit, aber ich sagte trotzdem: „Okay."

Die Schwester war sofort zur Stelle. Der Arzt sprach weiter mit mir, während er sich an die Arbeit machte.

„Wann hatten Sie Ihre letzte Periode? Wissen Sie das noch?"

„Vor etwa zwei Wochen."

„Sind Sie da sicher?"

„Ja."

„Wann hatten Sie vor dem geschilderten Vorgang das letzte Mal Verkehr?"

„Das weiß ich nicht. Irgendwann letzte Woche."

„Haben Sie Verhütungsmittel genommen?"

„Nein. Wir wünschen uns noch ein weiteres Kind."

„Und heute Abend? Hat der Täter ein Kondom benutzt?"

„Ich glaube kaum."

Dr. Manz zog die Handschuhe aus und legte das Untersuchungshemd über meinen Körper. Er schrieb ein Rezept aus und reichte es der Schwester. Sie eilte hinaus.

„Gut. Wir müssen noch ein paar weitere Fragen klären."

Ich hätte ihn daran erinnern sollen, Steve rufen zu lassen.

„Vielleicht kommt es Ihnen im Moment nicht so vor, aber Sie haben Glück gehabt, dass Sie relativ unversehrt aus der Sache herausgekommen sind. Ich habe da schon wesentlich Schlimmeres gesehen. Erst gestern ..." Er warf die Einmalhandschuhe in den Müll. „Aber Heather, es kann sein, dass es noch nicht überstanden ist. Möglicherweise geht es für Sie nicht nur um eine Vergewaltigung."

„Was meinen Sie damit?" Ich bekam eine Gänsehaut – vielleicht, weil ich dieses grauenhafte Wort erneut hören musste, vielleicht aber auch aus Angst vor dem, was er als Nächstes sagen würde.

„Erstens befinden Sie sich in der mittleren Phase Ihres Menstruationszyklus' und da ist eine Schwangerschaft durchaus möglich."

„Nein", meinte ich. „Ich habe ohnehin Schwierigkeiten, schwanger zu werden."

„Gut. Aber wir machen trotzdem einen Schwangerschaftstest."

„Okay."

„Zweitens besteht die Gefahr, dass Sie sich mit einer durch Geschlechtsverkehr übertragbaren Krankheit infiziert haben."

Ich wusste nicht, was ich sagen sollte. Ich fragte mich, warum Steve nicht darauf beharrt hatte, bei mir zu bleiben.

„Wir geben Ihnen ein Antibiotikum, das eine ganze Reihe von Komplikationen abwenden kann. Aber wir müssen trotzdem in der nächsten Zeit eine Reihe von Tests durchführen, um sicherzugehen, dass alles in Ordnung ist. Ich lasse Proben nehmen und im Labor untersuchen, um alles auszuschließen, was sich sofort feststellen lässt."

Die Schwester kam mit einem Tablett herein, auf dem sich drei Plastikbecherchen mit drei verschiedenen Pillen befanden.

„Danke, Betty", meinte Dr. Manz zur Schwester gewandt. „Ich möchte noch einen Urintest anordnen, um eine bestehende Schwangerschaft auszuschließen. Könnten Sie das veranlassen, sobald ich hier fertig bin? Und schicken Sie das bitte gleich ans Labor, damit wir möglichst noch heute Nacht die ersten Ergebnisse bekommen."

Betty nahm die Abstriche mit und ging. Niemand kümmerte sich darum, Steve zu holen.

✳

„Gut." Dr. Manz wandte sich wieder mir zu. „Ich möchte, dass Sie das hier nehmen. Floxin und Azithromycin wirken gegen eventuelle Infektionen." Er schob mir zwei der kleinen Becherchen hin. „Ovral verhindert eine Schwangerschaft." Er reichte mir den dritten Becher. „Nehmen Sie das aber erst, wenn wir das Resultat Ihres Schwangerschaftstests haben!"

Er füllte einen vierten Becher mit Wasser und reichte ihn mir. Ich schluckte das Floxin und Azithromycin in einem herunter.

„Gut, dann sollten wir jetzt den Schwangerschaftstest machen."

Zehn Minuten später war ich wieder angezogen und reichte der Schwester einen Becher mit der Urinprobe. „Es wäre wirklich schön, wenn mein Mann bei mir sein könnte. Könnten Sie ihn herschicken?"

„Natürlich, meine Liebe. Es kann nur einen Moment dauern. Aber sobald ich einen Augenblick Zeit habe, geh ich in die Cafeteria und sag ihm Bescheid, in Ordnung?"

„Das wäre wunderbar!" Ich verzog mich wieder in mein kleines Räumchen und setzte mich auf die Liege.

Obwohl ich jetzt mehr anhatte als nur dieses Hemdchen, fühlte ich mich auf dem Schlachtfeld meiner Seele verletzlicher als je zuvor. Mein Gegner hatte an Boden gewonnen, weil ich nun um die möglichen Konsequenzen wusste. Und je länger es dauerte, umso mehr fehlte es mir an Schlaf und Kraft.

✳

„Komm rein!", sagte ich beim nächsten Klopfen. Aber es war nicht Steve.

„Hallo, ich bin's wieder", sagte der Farbige.

„Hallo!" Mir war unbehaglich zumute.

„Ich heiße T. J. und arbeite als Sozialarbeiter im städtischen Zentrum für Gewaltprävention. Kann ich mich ein wenig mit Ihnen unterhalten?"

„Na gut." Ich beobachtete ihn beim Schließen der Tür.

„Wie geht's?" Er streckte mir die Hand entgegen.

Ich spürte, wie sich unsere Handflächen berührten und er seine Linke auf meine Rechte legte, um mich – wie ich vermute – besonders herzlich zu begrüßen.

„Gut. Und Ihnen?", fragte ich zurück.

„Mir geht's gut." Er nahm auf einem Stuhl Platz. „Ich weiß, Sie machen gerade eine Menge durch."

Ich nickte kaum erkennbar.

„Nun gut. Ähm, ich möchte, dass Sie wissen: Sie sind nicht allein. Wir alle möchten Ihnen helfen, so gut wir können, und es gibt viele unter uns, die Ähnliches erlebt haben."

Ich nickte und versuchte in Gedanken auszublenden, wie dunkel seine Haut war.

„Ich will Ihnen nicht vormachen, ich wüsste, was Sie gerade durchmachen, aber was mit Ihnen geschehen ist, erschüttert mich zutiefst. Es hätte niemals passieren dürfen."

Ich nickte und versuchte, seine maskuline Statur auszublenden.

„Ähm, wie auch immer – vielleicht gibt es ja etwas, worüber Sie jetzt gleich reden möchten?"

„Nein."

Er nickte mit dem Kopf und warf mir einen mitfühlenden Blick zu. „Okay, ähm, verstehe." Er nickte noch einmal. „Ich werde Ihnen meine Visitenkarte dalassen. Sie können mich jederzeit anrufen, in Ordnung?"

„Okay." Ich nahm die Karte.

Steve kam herein.

„Oh, hallo!", sagte T. J. „Sie sind wohl Steve."

Steve nahm die ihm angebotene Hand mit einem besorgten Blick zu mir.

T. J. blickte mich ebenfalls an, während er nach der Türklinke griff. „Ich bin noch ein paar Stunden im Haus. Rufen Sie mich, wenn Sie mich brauchen – Sie beide."

Er nickte Steve zu und verschwand.

„Wer war das?", fragte Steve.

„Ein Sozialarbeiter." Ich ließ T. J.s Visitenkarte in den Papierkorb fallen.

„Ein Sozialarbeiter!" Steves Stimme hallte durch den kleinen Raum. „Sie haben einen farbigen Sozialarbeiter zu dir geschickt?"

„Ja. Ist schon in Ordnung, Steve."

„Nein, es ist nicht in Ordnung! Das ist das Verrückteste, das mir je vorgekommen ist. War er hier allein mit dir?" Er kannte die Antwort bereits. Steve riss die Tür auf und stürmte auf den Flur hinaus.

„Entschuldigen Sie bitte!" Seine Stimme klang ruhig, aber sein Ärger war nicht zu überhören. „Könnte ich mit irgendjemandem über …" – er hielt einen Moment inne – „über diesen Idioten von einem Sozialarbeiter reden, der gerade bei meiner Frau gewesen ist?"

Steves Wut machte mir Angst. Ich versuchte ihn wieder ins Zimmer zu zerren, aber er wollte nicht.

Die Schwester unterbrach ihre Arbeit.

„Meine Frau wurde gerade von einem farbigen Mann vergewaltigt und Sie schicken einen weiteren Farbigen als psychologischen Beistand zu ihr?"

„Bitte, Steve, es ist schon gut", bat ich ihn.

Die Schwester wirkte irritiert. „Es tut mir leid, Sir. Ich habe nicht darüber nachgedacht …"

„Das habe ich gemerkt!", fiel Steve ihr ins Wort. Er wandte sich mir zu: „Ich hätte dich nicht allein lassen sollen."

„Ist schon okay."

Er kam wieder mit ins Zimmer. „Ich hätte bei dir bleiben müssen." Er war immer noch wütend.

Ich ließ die Schwester draußen stehen und schloss die Tür vor ihrer Nase.

„Jetzt bist du ja da." Ich nahm seine Hand. „Ich bin so froh, dass du da bist." Es war mir egal, ob ich mich wie ein Kind benahm.

Schweigend warteten wir und lehnten uns aneinander.

✳

107

Dr. Manz klopfte an, bevor er eintrat. Er stellte sich Steve vor und entschuldigte sich dann für die Gedankenlosigkeit aufseiten des Krankenhauses. „Wir wussten nicht, welche Hautfarbe der Angreifer hatte, Mr Gemmen. Ich hoffe, Sie können uns das verzeihen."

Steve nickte.

„Danke, Sir. Wir werden in Zukunft umsichtiger sein."

Ich hätte ihm am liebsten gesagt, dass wir keine Rassisten waren, doch dann wurde mir bewusst, wie absurd eine solche Bemerkung gewesen wäre, und so schwieg ich.

Dr. Manz setzte sich auf einen der Stühle. „Ich habe einige Ergebnisse, Heather. Der Test auf Chlamydien war negativ. Der Gonorrhö-Test ebenfalls. Beim Syphilis-Nachweis zeigte sich keine Reaktion. Das ist ein gutes Zeichen."

Ich nickte erleichtert. *Gutes Zeichen* war das Einzige, was ich verstehen musste.

„Und auch der Schwangerschaftstest war negativ." Er sah mich fragend an. „Wissen Sie, was das bedeutet?"

„Ja, dass ich aufatmen kann."

„Nein", schüttelte er traurig den Kopf. „Das bedeutet, dass Sie vor dem heutigen Abend nicht schwanger waren. Mit anderen Worten, bevor der ungebetene Gast Ihr Haus betrat, befand sich in Ihrem Körper eine reife Eizelle, die nur darauf gewartet hat, befruchtet zu werden."

„Oh!" Mich durchfuhr ein Schauer. „Das ist nicht gut."

„Nein, das ist nicht gut." Dr. Manz griff nach dem letzten Becherchen auf dem Tablett. „Es wäre an der Zeit, dass Sie das hier nehmen."

Ich streckte die Hand aus und er ließ die Pille in meine Hand fallen.

„Was genau ist Ovral?", fragte ich.

„Im Grunde ist es ein Hormonpräparat, das die Bedingungen im Uterus so verändert, dass sich keine Eizelle einnisten kann."

„Keine befruchtete Eizelle?"

Ich konnte Steves Blick spüren.

„Hmm … ja." Der Arzt sprach dieses Wort in Erwartung meiner nächsten Frage aus.

„Ist das dann nicht eine Abtreibung?" Eigentlich kannte ich die Antwort. Ich glaube, ich suchte nur nach einem Schlupfloch.

„Nun…", zögerte er, „ich denke, es wäre angemessener, davon zu sprechen, dass eine Schwangerschaft verhindert wird. Im Moment wissen wir ja noch nicht einmal, ob es zu einer Befruchtung kam. Das ist jetzt der früheste Zeitpunkt, Heather. Selbst wenn eine Eizelle befruchtet wurde, handelt es sich momentan noch um eine einzige Zelle. Sie sollten sie lieber jetzt loswerden als später."

„Eine einzelne Zelle? Woher kommt dann die DNA?"

„Die Zelle bekommt den kompletten Satz an DNA-Erbinformationen des Spermiums, bevor dieses sich auflöst."

„Nur eine einzige Zelle?" *Das kann doch noch kein Baby sein, oder?* „Das muss eine sehr große Zelle sein."

„Die größte Zelle, die es im Körper gibt. Aber es bleibt keine einzelne Zelle. Auf ihrem Weg zum Uterus teilt sich die Zelle und sucht dann nach einem Ort, wo sie sich einnisten und weiter teilen kann."

„Und dann wird daraus ein Baby." Meine Stimme konnte meine Verzweiflung nicht verbergen. Konnte dieser Schmutz, mit dem ich besudelt worden war, sich in mir festsetzen und heranwachsen und ein Abbild von mir werden? Ich sehnte mich so sehr danach, mich wieder rein zu fühlen – alles abzustreifen, was von diesem Trauma noch in mir war. Mit der gleichen verzweifelten Sehnsucht, mit der ich mir zuvor eine Schwangerschaft gewünscht hatte, sehnte ich mich jetzt nach Unfruchtbarkeit.

„Es muss keines daraus werden", vernahm ich die verheißungsvollen Worte des Arztes.

Die heiße Badewanne in einem feinen Hotel war vielleicht doch kein so unerreichbarer Traum.

Dr. Manz reichte mir einen Becher Wasser. „Kommen Sie, nehmen Sie die Tablette!"

Wenn man den Tod in Form einer kleinen rosa Pille in Händen hält, wirkt er gar nicht mehr so grausam und endgültig.

„Ich möchte noch einen Augenblick warten", sagte ich.

„Nehmen Sie sich Zeit! Ich bin gleich wieder da." Er stand auf und legte die Hand an die Klinke. „Es ist das Richtige." Dann war er verschwunden.

Ich schaute Steve an.

„Nimm sie!", meinte er und beantwortete damit meine unausgesprochene Frage.

Ich wollte sie nehmen.

„Denkst du, ich sollte sie nehmen?"

Er schaute mich an, als hätte ich den Verstand verloren. „Ja."

„Aber das ist eine Abtreibung, Steve."

„Der Doktor hat etwas anderes gesagt."

„Ja, das hat er."

Wir schwiegen für einen Augenblick.

„Was, wenn du schwanger wirst?", fragte mich Steve.

Mir lief ein Schauer über den Rücken. „Ich werde nicht schwanger." Vielleicht konnte ja der bloße Wunsch die Dinge lenken.

„Und trotzdem …" Sein scharfer Ton überraschte mich. „Nimm sie trotzdem!"

Ich kann nicht sagen, was mich so unsicher machte. Meine Überzeugung stand fest. Diese Pille zu nehmen kam einer Abtreibung gleich. Und es war für mich auch keine Frage, ob eine Abtreibung in einem solchen Fall legitim wäre. Ich zweifelte nicht an meiner Überzeugung,

dass das menschliche Leben heilig und unantastbar ist. Und doch saß ich da in diesem weißen, sterilen Raum und starrte auf diese Pille in meiner Hand und sehnte mich verzweifelt danach, sie zu nehmen. *Gott, ich brauche diese Pille!*

＊

Der Arzt klopfte vor dem Eintreten. Ich habe keine Ahnung, wie lange er weg gewesen war. „Wie geht es Ihnen, Heather?"

„Ich glaube, ich werde das nicht nehmen." Ich hielt ihm meine geöffnete Hand hin.

Er nahm die Pille nicht aus meiner Hand, er schaute mich nur an.

„Bitte!" Ich streckte ihm die Hand erneut entgegen. „Nehmen Sie sie weg!"

Wenn er noch ein bisschen länger gewartet hätte, hätte ich sie genommen.

„Hören Sie ..." Er schloss meine geöffnete Hand und schob sie sanft zurück. „Warum behalten Sie sie nicht noch ein Weilchen? Sie wirkt noch innerhalb der nächsten 72 Stunden. Vielleicht ändern Sie Ihre Meinung ja noch."

Möglicherweise bin ich schon mit der Überzeugung zur Welt gekommen, dass es Unrecht sei, ungeborenes Leben zu töten. Als Kind hatte ich an kalten Tagen bei unzähligen Demonstrationen zum Schutz ungeborener Babys Eintopf und heißen Tee zu mir genommen. In der High School – in den Jahren, in denen man prinzipiell nur in Schwarz-Weiß-Kategorien denkt – hatte ich nächtelang über dieses schwierige Thema diskutiert. Im Studium schrieb ich eine Seminararbeit, die sich gegen die Abtreibung aussprach, und erhielt dafür eine glatte Eins. Und die Erfahrung, einen Fötus in mir getragen zu haben, der so vollkommen und

111

schön war wie meine anderen Kinder, hatte mich in meiner Überzeugung bestätigt.

Doch Integrität ist mehr als nur ein Bekenntnis zu noblen ethischen Grundsätzen. Dazu gehört mehr als leidenschaftliche Überzeugungen. Integrität bedeutet, die Grundsätze, die man für wahr hält, auch zu leben. Dazu gehört auch, dass die Entscheidungen, die man trifft, die persönlichen Grundwerte widerspiegeln.

Der Mülleimer war in Reichweite.

Ich aber steckte die Pille in meine Tasche.

Gegen die eigenen Überzeugungen

Als Nächstes rief ich meine Mutter an.

Besitzt du so etwas wie ein Gewissen? Wachst du jemals nachts auf und fragst dich, wie du nur so etwas tun konntest? Ich schon. Du hast eine Vergewaltigung begangen, ich habe einen Mordversuch unternommen.

Auf der Heimfahrt vom Krankenhaus sprachen Steve und ich über die Entscheidung. Die Morgendämmerung war noch nicht angebrochen und in der Dunkelheit um uns herum sprachen wir automatisch leiser: „Und – warum hast du sie nicht genommen?"

„Meinst du, ich hätte es tun sollen?" Ich erinnerte ihn nicht daran, dass ich die Pille noch in meiner Tasche trug.

„Nun ..." Wir standen gerade vor einer Ampel und Steves Gesicht war in rotes Licht getaucht.

„Aber es ist doch eine Abtreibung."

„Selbst wenn, in einer solchen Situation kann das doch nicht Unrecht sein."

Ich ließ diese Worte in mich hineinsinken. „Und es ist nur eine einzige kleine Zelle", murmelte ich vor mich hin.

Das Licht auf seinem Gesicht wechselte von Rot nach Grün und der Wagen fuhr sanft an.

„Es wäre nicht gut, wenn du schwanger würdest", sagte er leise.

Der Rest der Fahrt verlief schweigend.

Das Haus war dunkel und leer. Ich war froh, dass die Kinder nicht da waren. Sie gehörten nicht hierher.

„Denkst du, den Kindern geht es gut?", fragte ich Steve.

„Du meinst, heut Nacht?"

Ich zuckte mit den Achseln.

„Ja, den beiden geht's gut."

Steve nahm mich bei der Hand und ging mit mir die Treppe herauf, die zu unserem Schlafzimmer führte. Dort

ließen wir uns aufs Bett fallen und schliefen sofort ein, ohne uns zuvor auszuziehen.

✳

Ich wachte vor Steve auf. Die Sonne schien zum Fenster herein so strahlend, als sei nichts Böses geschehen. Ich duschte ausgiebig und zog mir eine gebügelte Hose und einen weichen Pulli an.

Im Erdgeschoss fiel mein Blick auf den leeren Krug in der Küche. Einige Münzen lagen noch auf dem Tisch, andere waren zu Boden gefallen. Ich sammelte auf, was übrig geblieben war, und räumte den Krug wieder an seinen Platz. Steves Ehering war fort.

Ich wischte die Küchenzeile ab und leerte den Geschirrspüler, dann sortierte ich die Zeitschriften.

Anschließend öffnete ich die Fenster, um die kühle Morgenluft hereinzulassen. Ich suchte in meiner CD-Sammlung nach einer passenden Musik und legte eine ruhige Scheibe von *Enya* auf. Ich wischte den Staub von den Möbeln in Ess- und Wohnzimmer. Anschließend putzte ich die Fenster.

Mein Haus strahlte vor Glanz, doch ich fühlte mich nicht sauber.

Ich ging nach oben, um Steve zu wecken – ich brauchte jemanden, mit dem ich reden konnte. Ich sehnte mich danach, neben ihm auf dem Bett zu liegen und zu spüren, wie sich unsere Finger berührten; ich sehnte mich danach, ihm von meinen Gefühlen zu erzählen – und an seinen Gedanken teilzuhaben, gemeinsam zu weinen und schließlich zu lachen.

Doch auf halber Treppe hielt ich inne – er hatte nur wenige Stunden geschlafen. Ich wusste, dass Steve die

Stille ebenso brauchte wie ich das Reden. Er brauchte die Abgeschiedenheit genauso sehr wie ich die Gemeinschaft. Er wäre jetzt ohnehin noch nicht in der Lage zu reden, zumindest nicht über etwas so Persönliches und so Schmerzhaftes. Er würde Zeit brauchen – vielleicht sogar Jahre –, um alles zu überdenken. Und ich fühlte mich nicht stark genug, sein Schweigen zu ertragen; zu ertragen, dass er so weit von mir entfernt war. Und so machte ich auf dem Absatz kehrt und zog mich ins Wohnzimmer zurück.

Die Pille lag neben meiner Teetasse auf dem Küchentisch. Sie wartete nur darauf, eingenommen zu werden, aber ich konnte mich dieser Frage nicht allein zuwenden.

So nahm ich das Telefon und wählte die Privatnummer unseres Pastors. „Hallo Mark. Hast du eine Minute Zeit für mich?"

„Ich habe so viel Zeit, wie du brauchst. Lori wollte mich gerade hinausschicken, das Laub zusammenzurechen. Du hast also gerade im richtigen Moment angerufen."

Ich lachte und setzte mich auf den Rand der Couch. „Ehrlich gesagt suche ich auch noch jemanden, der mein Laub zusammenrecht. Ich habe gehört, du hättest dich für diesen Job beworben." Unser seichtes Gespräch half mir über meine Anspannung hinweg. Denn das schwerere Thema lag ja noch vor mir.

„Genau. Und ich habe gehört, dass du nächsten Sonntag predigen willst. Der Titel der Predigt lautet ‚Prädestination, Rechtfertigung und Heiligung allgemein verständlich erklärt'."

„Das würde ich schon hinkriegen." Unser Lachen munterte mich auf. „Vielleicht kommen wir dann endlich einmal rechtzeitig aus der Kirche."

„Touché!" Mark lachte laut auf und ich konnte mir vorstellen, wie seine weißen Zähne durch den schwarzen

gepflegten Bart blitzten. Ich stellte mir seine wachen hellblauen Augen und sein freundliches Gesicht vor.

„Nun", fragte er, nachdem sein Lachen verklungen war, „worum geht es?"

„Weißt du, Laub zusammenzukehren wäre heute gar nicht so schlecht. Es ist ein herrlicher Tag."

„Da hast du recht ..." Er kicherte wieder vor sich hin. „Heather, ich weiß, du hast etwas auf deinem Herzen."

Ich blieb einen Moment still und überlegte, wie ich anfangen sollte.

„Heather", Marks Stimme klang verhalten, „warum ist Steve gestern so plötzlich aus unserer Sitzung gestürmt?"

Was sollte ich sagen? *Ich bring dich um, wenn du auch nur einem Menschen von dieser Sache erzählst ...* Aber das hatte ich ja schon.

„Rufst du deshalb an?", fragte Mark mich.

„Ja. Ich weiß nicht, wie ich es sagen soll." Am liebsten wäre ich wieder zur seichten Plauderei zurückgekehrt.

„Heather, was ist passiert?"

Einen Augenblick lang fragte ich mich, warum ich eigentlich angerufen hatte. Wonach suchte ich? Vor allem brauchte ich jemanden, bei dem ich mich ausweinen konnte. Und außerdem brauchte ich einen Rat.

„Nun ja, ich muss entscheiden, ob ich diese Pille, die der Arzt mir gegeben hat, nehmen soll." Ich nahm die Tablette in die Hand und betrachtete sie eingehend.

„Welche Pille?"

„Es ist eine ‚Pille-danach'. Um sicherzugehen, dass ich nicht schwanger werde."

„Ich dachte, du und Steve, ihr wolltet noch ein Kind."

„Ja, aber ich wurde letzte Nacht vergewaltigt." Es fiel mir schwer, das Wort über die Lippen zu bringen, und so klangen die Worte ziemlich wirr. Ich war überrascht, dass Mark mich überhaupt verstand.

„Oh, Heather!" Sein Aufstöhnen war für mich genauso heilsam wie sein Lachen zuvor. „Oh, Heather."

✳

Er kam zusammen mit Lori herüber, als Steve noch schlief. An der Tür witzelte ich darüber, dass ich Mark von seinen morgendlichen Pflichten abhielt, doch er nahm mich einfach in den Arm und hielt mich fest, bis ich mich in sein ehrliches, tiefes Mitgefühl hineinfallen lassen konnte. Lori strich mir über den Rücken und murmelte tröstende Worte dabei.

Bedingungslose Liebe war mir schon immer etwas peinlich gewesen. Wie schwer es mir fiel, solche Liebe anzunehmen, fiel mir zum ersten Mal auf, als wir frisch verheiratet gewesen waren und gerade genug verdienten, um uns zu unseren Nudelgerichten hin und wieder den Luxus von ein paar Würstchen zu leisten.

Mein Schwiegervater steckte mir damals 20 Dollar zu und flüsterte mir ins Ohr: „Geht heut Abend mal aus!"

Ich konnte nicht Nein sagen und ich konnte es nicht zurückzahlen. Ich musste das Geld mit einem dankbaren Lächeln annehmen, essen gehen und die Tatsache akzeptieren, dass er das Geld nicht wiederhaben wollte. Und nun nahm mich – so verwundet und verängstigt, wie ich war – ein Mensch in den Arm, den ich schätzte und respektierte, jemand, der alle meine Schwächen kannte, und zwang mich aus meiner *Wohlfühlzone* freundschaftlicher Scherzhaftigkeit hinein in die Erfahrung tiefen und ehrlichen Mitgefühls. Ich brauchte dieses Geschenk so sehr, dass ich es annahm, obwohl ich es niemals zurückzahlen konnte. Und nachdem ich mich erst einmal überwunden hatte, erkannte ich, dass ich ohne diese Liebe nicht leben konnte, und ich

fragte mich, warum ich mich so lange gegen sie gesperrt hatte.

Die Liebe, die Mark und Lori mir entgegenbrachten, warf mich in die offenen Arme der Gnade. Und wenn ich gewusst hätte, wie weich die Landung war, hätte ich mich schon viel früher fallen lassen.

✳

Irgendwie gelangten wir schließlich ins Wohnzimmer und vermutlich vergaß ich völlig, meinen Gästen einen Kaffee anzubieten.

„Also, was ist mit dieser Pille?", fragte Mark.

„Steve will, dass ich sie nehme."

„Aber du möchtest das nicht?" Er schien überrascht und ich konnte es ihm nicht verübeln.

„Ich weiß, das ist Blödsinn", stimmte ich zu. Ich erwartete nicht, dass sie mein Gefühlschaos nachvollziehen konnten. Ich wusste auch nicht, wie ich ihnen erklären sollte, dass zwei so gegensätzliche Überzeugungen in mir herrschen konnten – ich verstand es ja selbst nicht!

„Ich glaube nicht, dass ich es ertragen könnte, von dieser Sache schwanger zu werden." Allein bei dem Gedanken wurde mir schwindlig. „Aber aus irgendeinem Grund kann ich diese Pille nicht nehmen."

„Liegt es daran, dass ihr schon so lange um ein weiteres Kind gebetet habt?", fragte Lori.

„Nein, das ist es nicht." Ich schüttelte den Kopf. „Ich möchte ein Kind von Steve, nicht dieses ..." Ich vergrub mein Gesicht in den Händen. „Es ist so unsinnig."

Irgendwie war das alles unsinnig. Welchen Sinn hatte es schon, dass ich diese Entscheidung überhaupt fällen musste. Und war es nicht völlig ohne Sinn, dass ich an

einem so schönen Herbsttag so zerschlagen und verängstigt hier auf diesem Sofa saß? Die ganze Vergewaltigung war
sinnlos gewesen.

„Heather", fragte Mark, „würde es dir helfen, wenn wir
die Hauskreisteilnehmerinnen wissen lassen, was geschehen ist, und sie für dich beten?"

Lori und Maryann gehörten diesem Hauskreis an und
auch zu den anderen drei Frauen hatte ich Vertrauen.

Innerlich stöhnte ich auf. Dieses „Ich bring dich um…"
hatte die Schlacht zwar eindeutig verloren, doch es haftete
mit einer überraschenden Hartnäckigkeit an mir. Natürlich
sehnte ich mich nach der Hilfe und den Gebeten meiner
Schwestern.

„Ja", sagte ich mit einer Stimme, die wesentlich stärker
klang, als es meiner inneren Verfassung entsprach. „Bitte
ruft sie an!"

Lori benutzte unser Telefon, um alles zu arrangieren. Alle
versprachen, am Nachmittag da zu sein. Nachdem Mark
und Lori wieder gegangen waren, fühlte ich mich ein
wenig gestärkt.

Als Nächstes rief ich meine Mutter an. Steve schlief
immer noch.

„Hallo, Mama!", sagte ich so fröhlich, wie ich konnte.

„Heather!", rief sie in ihrem weichen holländischen
Akzent. „Was ist denn los?"

Sie war über fünfhundert Kilometer von mir entfernt,
aber ich wusste genau, wo sie stand und wie es in ihrem
Haus roch und wie ihr blondes Haar fiel, wenn sie mit
der Hand hindurchstrich. Ich wunderte mich nicht, dass
sie wissen wollte, was los war, trotzdem verdrehte ich
die Augen und dachte: *Kann ich denn nicht zwei Tage hin-
tereinander anrufen, ohne dass gleich etwas passiert sein muss?*
Aber das sagte ich natürlich nicht, denn schließlich war ja
wirklich etwas Schlimmes passiert.

„Ist etwas passiert?", fragte sie für meinen Geschmack etwas zu panisch.

Nun war ich wieder der Teenager, der es satt hatte, ständig von Mami beschützt zu werden. Schon wünschte ich mir, ich hätte sie nicht angerufen. Aber andererseits war die Frage berechtigt und es gab nur eine Antwort darauf: „Nun, … ja, es ist etwas passiert." Ich ließ mich auf den Küchenstuhl fallen und nippte an meinem kalt gewordenen Tee.

„Oh, nein!", rief sie ängstlich. „Hat Steve dich verlassen?"

Wieder verdrehte ich die Augen. „Nein, Mama, Steve hat mich nicht verlassen. Wir sind glücklich verheiratet, den Kindern geht es gut und es ist niemand gestorben."

„Oh!" Sie hatte wohl den genervten Klang meiner Stimme erkannt. Das war kein guter Anfang für das, was ich ihr zu sagen hatte.

„Aber es ist etwas Ernstes." In Gedanken machte ich mich bereit, ihr davon zu erzählen, und legte mein pubertäres Verhalten ab. „Vielleicht solltest du dich setzen."

„Oh, Liebes!" Ich war mir sicher, dass sie stehen blieb. In Gedanken sah ich sie von der Küche in den Flur laufen, so weit das Telefonkabel reichte, dann zurück in die Küche und in das Esszimmer, wieder so weit das Kabel es ihr erlaubte. Hin und her – sie würde sich angesichts von Schwierigkeiten niemals setzen.

„Hör zu, Mama!" Sie zu schonen funktionierte bei ihr auch nicht, und so versuchte ich es erst gar nicht. Außerdem wollte ich die Sache hinter mich bringen, bevor sie vor lauter Aufregung die Leitung aus der Dose riss. „Ich bin letzte Nacht vergewaltigt worden."

„Nein!" Sie bemerkte sicher selbst nicht, dass sie in ihre Muttersprache zurückfiel, doch sie sagte einen Satz auf Holländisch, der so viel bedeutete wie: *Möge Gott uns*

beistehen. Ich hasste es, wenn ich meiner Mutter Kummer bereitete.

Ich erzählte ihr von dem Dilemma um die Pille. Das war für mich das Positivste an diesem Gespräch: Ich brauchte einen Rat für die Entscheidung, die vor mir lag. Und sie war vielleicht die Einzige, die verstand, warum mir diese Entscheidung so schwer fiel.

Stattdessen sagte sie nur: „Wie? Natürlich – nimm sie!" Als ich schwieg, ergänzte sie: „Heather, eine Schwangerschaft kommt in diesem Fall nicht in Frage. Das wäre zu viel für dich."

Ein Teil von mir war dankbar für ihre Sorge um mich. Beinahe hätte ich die Pille sofort geschluckt, denn ich spürte, was diese Aussage bedeutete: die Freiheit, sie ohne Schuldgefühle zu nehmen.

Doch ein anderer Teil von mir fühlte sich durch ihren bemutternden Ratschlag bedroht. Ich wusste, sie wollte nicht, dass ich mehr als nötig litt. Sie war bereit, für mein Wohlbefinden ihre tiefsten Überzeugungen über Bord zu werfen. Ich wusste, dass das nur allzu natürlich war. Aber ich wünschte mir auch jemanden, der mir helfen konnte, meine merkwürdige Abneigung gegen diese Pille zu verstehen. Und wenn diese starke Frau, die mich gelehrt hatte, wie heilig das Leben ist, meine Zweifel nicht verstand, dann musste ich wohl verrückt sein.

Unser Gespräch endete mit einem Gebet. Es war knapp formuliert, aber sehr passend: „Möge Gott dir Kraft geben, Heather."

„Danke, Mama. Ich muss jetzt Schluss machen."

Das letzte Mal, dass ich Mama weinen gesehen hatte, war bei unserer Hochzeit gewesen. Ich saß damals am Küchentisch und bereitete Blumengestecke vor, während sie das Abendessen kochte. Sie gab mir Ratschläge, wie ich meinen Mann glücklich machen konnte – und das überraschte

mich. Aber noch überraschter war ich, als ich sah, wie sie feuchte Augen bekam. Erst dachte ich, es wären die Zwiebeln gewesen. Schon damals waren mir ihre Tränen peinlich.

„Ich liebe dich, *Schatje*", sagte sie zu mir.

„Ich liebe dich auch, Mama. Tschüss!" Ich legte den Hörer auf und vergrub mein Gesicht in meinen Armen.

❋

Einige Minuten später klingelte das Telefon und ich dachte, es wäre wieder meine Mutter.

„Hallo!", sagte ich mürrisch.

Am anderen Ende herrschte Schweigen.

„Hallo?"

Nichts.

Ich knallte den Telefonhörer auf und rannte nach oben zu Steve. Er stand unter der Dusche, also ging ich langsam in die Küche zurück und starrte das Telefon an, bis mein Mann die Treppe herunterkam.

Steve ging an den Küchenschrank, um sich etwas Müsli zu nehmen, und setzte sich an den Tisch. Ich wollte ihm nicht wirklich einen Kuss geben, aber es wunderte mich, dass er mir keinen gab. Er aß, ohne mich anzublicken.

„Schau dir diese blöde Pille an!" Ich zeigte auf das Ding, ohne es anzufassen. Er schaute hoch und hörte einen Augenblick lang auf zu kauen. Beim Aufstehen stieß ich gegen den Tisch und die Müslipackung fiel um. Ein Teil fiel auf den Boden, aber weder er noch ich machten uns die Mühe, es aufzukehren.

Steve blickte auf die Pille. „Wirst du sie nehmen?"

„Ich weiß nicht!", sagte ich gereizt und knallte den Wasserkessel auf den Herd. Keiner sprach ein Wort. Als ich mich etwas beruhigt hatte, setzte ich mich wieder

an den Tisch. „Mark und Lori waren hier, während du schliefst. Mark kommt in ein paar Minuten mit dem Hauskreis hierher. Sie wollen uns bei der Entscheidung unterstützen."

Steve war sicher aufgefallen, dass ich von „uns" gesprochen hatte, aber er sagte nichts dazu.

„Mama meint, ich soll sie nehmen."

„Tatsächlich? Was hat sie denn gesagt?" Sein überraschter Tonfall war für mich eine Genugtuung. Ich hatte also recht: Eigentlich hätte sie nicht sagen dürfen, dass ich sie nehmen soll.

„Ich weiß nicht mehr genau …" Ich wollte nicht darüber reden. Ich wollte nicht daran denken, dass Mama jetzt sicher meinem Vater etwas vorheulte. Ich wollte mir nicht vorstellen, wie sie meinen Brüdern und Schwestern von der Neuigkeit berichtete. Ich hätte einfach nur den Mund halten sollen. Ich war noch am Leben, die Kinder waren noch am Leben – und das Leben würde weitergehen, auch wenn ich nicht aller Welt davon erzählte. Ich wandte mich belangloseren Dingen zu: „Hast du im Büro angerufen, dass du heute nicht kommst?"

„Ja."

„Wann kommen die Kinder nach Hause?" Ich war mir nicht sicher, ob ich mich schon wieder dem Alltag zuwenden wollte. Es schien einerseits unmöglich, andererseits verlockend.

„Wir können sie jederzeit abholen. Ich habe gesagt, dass es wohl Nachmittag werden wird."

Ich setzte mich mit meinem Tee ins Wohnzimmer und beobachtete, wie draußen der Wind die Blätter herumwirbelte. Dann klingelte es an der Tür. Steve machte auf.

Maryanns Augen waren rot und verweint. Sie nahm Steves Hand, brachte aber kein Wort heraus. Sie setzte sich neben mich und heulte.

„Ich liebe dich, Heather", brachte sie schließlich hervor.

Jede der Frauen aus dem Hauskreis begegnete uns beim Eintreten auf ihre eigene Weise und jede von ihnen trug etwas zu dem Wohlgeruch der Liebe bei, der uns wie eine Wolke umhüllte. Als Mark und Lori kamen, umarmten sie Steve mit der gleichen Herzlichkeit, mit der sie mich in den Arm genommen hatten. Ich vergaß völlig, welch schwere Entscheidung mir bevorstand, und ließ mich ganz in diese fürsorgliche Atmosphäre fallen.

Aber weil keine Entscheidung auch eine Entscheidung ist, nahmen wir schließlich gemeinsam diesen kleinen rosa Dämon auf dem Küchentisch ins Visier und fragten uns, was zu tun sei.

„Wie groß ist die Chance, dass du schwanger wirst?"

„Wie funktioniert so eine ‚Pille-danach'?"

„Wie lange kannst du mit der Entscheidung warten?"

Maryann beantwortete die meisten der Fragen. Alles, was sie sagte, bestätigte, was Dr. Manz in der vergangenen Nacht bereits gesagt hatte. Das Wort „Abtreibung" fiel nicht.

Wir beteten.

„Vater, du hast uns verheißen, dass du zu uns reden wirst, wenn wir dich darum bitten."

„Heiliger Geist, lass uns deinen Willen erkennen!"

„Jesus, wir brauchen deinen Trost, deine Gnade."

Ich hatte schon oft ähnliche Gebete gesprochen, doch diesmal glaubte ich nicht, dass diese Worte meinen Schmerz lindern oder mir die Entscheidung erleichtern konnten.

Wir unterhielten uns.

„Du solltest das aus dem Bauch heraus entscheiden."

„Beide Möglichkeiten sind okay."

„Denk ein Jahr in die Zukunft voraus und frag dich, wie es dir dann mit deiner Entscheidung gehen wird."

Steve beteiligte sich nicht und ich spürte das Gewicht seines Schweigens: Er wollte, dass ich die Pille nahm.

„Heather", sagte mein Pastor sanft, „ich denke, du solltest diese Pille nehmen."

Das war die erste direkte Stellungnahme. Ich schaute ihn an und wartete auf eine Begründung.

„Ich weiß nicht, ob das, was ich sage, von Gott ist oder ob es aus meinem Herzen kommt", meinte er, „aber ich habe das Gefühl, ich soll dir sagen, dass niemand Schaden nehmen wird, wenn du sie jetzt nimmst. Ich glaube nicht, dass du schwanger bist."

Er hatte recht. Ich wusste, dass er recht hatte. Ungeachtet der Tatsache, dass er in meiner Gegenwart noch nie in diesem „So spricht der Herr"-Tonfall geredet hatte. Und ungeachtet der Tatsache, dass ich ihm eigentlich hätte erwidern müssen, dass ich die Pille ja genauso gut in den Mülleimer werfen könnte, wenn er ohnehin nicht glaubte, dass ich schwanger sei. Und auch ungeachtet der Tatsache, dass ich sie nicht nehmen wollte. Er musste einfach recht haben.

Die Pille verlor mit einem Schlag ihre Hörner und Krallen. „Gut." Ich spürte Erleichterung und Angst zugleich. „Ich werde sie nehmen."

Das tat ich dann auch.

Und ich empfand dabei nichts.

✳

„Gut", meinte Mark, und damit war die Sache abgeschlossen. „Nun zum nächsten Thema."

Mir graute vor diesem „nächsten Thema", aber ich hörte zu.

„Es ist gut, dass wir uns dem offensichtlichsten Problem zugewandt haben, aber wir müssen uns auch dem

zuwenden, was nicht sichtbar ist. Wir müssen Gott bitten, dass er dich, Heather, rein wäscht – dich heilt."

Meine Freundinnen murmelten zustimmend. Mir wäre am liebsten gewesen, wenn sie jetzt gegangen wären.

„Das mag jetzt merkwürdig klingen, und wenn irgendjemand Schwierigkeiten damit hat, dann sagt es bitte!"

Wir nickten.

„Hier also mein Vorschlag: Du, Heather, gehst duschen und wir bleiben hier und beten für dich. So wie das Wasser über deinen Körper strömt, so möge der Heilige Geist alle Spuren, die dieses schreckliche Ereignis in dir hinterlassen hat, von dir abwaschen. Kannst du dir das vorstellen?"

Marks Worte berührten einen wunden Punkt in mir: Ich fühlte mich schmutzig. Wieder hatte er recht.

Ich ging duschen, egal, wie verrückt mir das vorkam. An dem Tag bekam das Singen unter der Dusche für mich eine ganz neue Bedeutung:

Wenn Friede mit Gott meine Seele durchdringt,
ob Stürme auch drohen von fern,
mein Herze im Glauben doch allezeit singt:
„Mir ist wohl, mir ist wohl in dem Herrn."

Wenn Satan mir nachstellt und bange mir macht,
so leuchtet dies Wort mir als Stern:
Mein Jesus hat alles für mich schon vollbracht;
ich bin rein durch das Blut meines Herrn.

Die Last meiner Sünde trug Jesus, das Lamm,
und warf sie weit weg in die Fern;
er starb ja für mich auch am blutigen Stamm:
Meine Seele lobpreise den Herrn.

Nun leb ich in Christo für Christum allein,
sein Wort ist mein leitender Stern.
In ihm hab ich Fried und Erlösung von Pein,
meine Seele ist selig im Herrn.

Mir ist wohl in dem Herrn! Mir ist wohl in dem Herrn!
(Horatio G. Spafford, 1828–1888,
Deutsch: Th. Kübler, 1832–1905)

Als ich ins Wohnzimmer zurückkehrte, hatten sie ihr Gebet bereits beendet. Das wunderte mich nicht, denn sie beteten stets mit knappen Worten. Nun lachten sie. Ich wusste nicht, worum es ging, doch auch ich lächelte. Dieses „Ich bring dich um, wenn du …" hatte seine Macht verloren. Die Lüge war entlarvt worden.

Bevor sie gingen, fragte Maryann mich noch, ob sie auch andere bitten dürften, für uns zu beten. Die Antwort fiel mir nicht leicht. Mir graute immer noch davor, dass allzu viele von der Sache erfahren könnten. Doch andererseits brauchte ich ihre Unterstützung: Schließlich musste ich die ganze Geschichte noch einmal der Polizeibeamtin erzählen, die auf meinen Fall angesetzt wurde. Ich musste auch noch einen Aids-Test machen. Und ich musste die emotionalen Folgen der Vergewaltigung bewältigen. Ich schaute Steve an und er zuckte mit den Achseln. So gab ich Maryann meine Einwilligung.

Dann waren sie fort. Das Haus erschien mir fremd. Ich hatte keine Lust zu lesen oder Radio zu hören oder spazieren zu gehen. Alles war blitzblank, also gab es auch keine Hausarbeit zu erledigen. Ich war innerlich noch nicht bereit, die Kinder zu holen oder zu telefonieren. Steve hatte sich hinter einer Zeitschrift verkrochen und schien kein großes Interesse an Konversation zu haben. So starrte ich wieder aus dem Fenster auf einen Haufen roter und gelber

Blätter, die ich am Tag zuvor zusammengerecht hatte. Nach einer Weile konnte ich genau vorhersagen, wo ein Blatt landen würde, nachdem es von einem unsichtbaren Lüftchen aufgewirbelt worden war.

✳

Ich erkannte den Wagen erst nicht, der da in unsere Einfahrt einbog, denn ich hatte diesen Besuch nicht erwartet. Doch als Mama ihren Kopf zur Autotür herausstreckte, noch bevor Papa den Wagen richtig zum Stehen gebracht hatte, sprang ich auf und rannte zur Tür.

„Mama!"

„Tut mir leid, dass wir nicht vorher angerufen haben, Heather. Aber ich musste einfach kommen."

Ich ließ mich ohne die geringsten pubertären Anwandlungen in ihre Arme fallen.

„Heather!", sagte sie besorgt und kam zur Sache, noch bevor wir die Stufen zur Veranda hinaufgestiegen waren: „Nimm diese Pille nicht! Ich hatte unrecht."

Wie Petrus
auf dem Wasser

Mit dem Telefon in der einen und dem Pfefferspray in der anderen Hand schlich ich durchs Haus.

*Wo bist du hin? Hast du mich in den Monaten danach be-
obachtet? Hast du mich dafür gehasst, dass ich mich fröhlich
mit den Nachbarn unterhalten und mit meinen Kindern gespielt
habe? Hast du den Hunger gespürt, diese Fülle zu besitzen, mit
der ich protzen konnte? Ich werde dir das Geheimnis meiner
Stärke verraten. Und meine Schwachheit bei aller Stärke.*

Haben Sie ihn erwischt?", war meine erste Frage an die
junge Kommissarin, die mir am Tag nach dem Über-
fall einen Stuhl an ihrem Schreibtisch anbot. Lori hatte
mich begleitet und wartete nun in dem Raum, in dem mir
die vielen Steckbriefe mit Fotos schwarzer Männer ent-
gegengestarrt hatten. Ich war froh, dass Steve mit meinen Eltern zu Hause geblieben war; ich wollte nicht, dass
sie den Eindruck dieses Raumes im Gedächtnis behielten.

„Nein, leider nicht", antwortete die Kommissarin. „Aber
möglicherweise können Sie uns weiterhelfen, damit wir
ihn doch noch schnappen."

„Ich hatte angenommen, die Hunde hätten seine Spur
aufgenommen", meinte ich.

„Das hatten sie auch. Sie haben seine Spur bis zu einem
Haus ein Stück weiter die Straße hinunter verfolgt …"

„Also haben sie ihn doch gefunden?"

„Nein. Die Beamten hatten leider keinen Durchsuchungsbefehl für das Haus und sie waren sich auch nicht
sicher, ob er in einem Wagen geflüchtet war, den er vor
dem Haus geparkt hatte, oder ob er ins Haus gegangen
war."

„Und wann werden Sie den Durchsuchungsbefehl bekommen?"

„Das ist bereits geschehen. Sie haben das Haus heute
Morgen durchsucht, aber es war verlassen. Niemand war
drin."

„Was werden Sie als Nächstes tun?", fragte ich, als ob ein paar einfache Fragen den Täter hinter Gitter bringen konnten.

„Nun, denken Sie, Sie könnten den Verdächtigen beschreiben, sodass wir ein Phantombild anfertigen können?"

Ich schüttelte den Kopf. „Nein, ich habe sein Gesicht nicht gesehen."

„Können Sie irgendetwas an ihm beschreiben?"

„Er war größer als ich – ungefähr einen Kopf. Er war sehr kräftig. Er stank nach Bier. Ich glaube, er trug eine Lederjacke."

„Trug er Handschuhe?"

„Ich weiß nicht. Ich glaube nicht."

„Sämtliche Fingerabdrücke, die wir in Ihrem Haus gefunden haben, stammen von Ihnen und Ihrer Familie, bis auf ein paar Abdrücke eines Kindes. Das wird uns also nicht weiterhelfen. Gibt es sonst noch etwas, an das Sie sich erinnern?"

„Nein." Ich vergrub mein Gesicht in den Händen und stöhnte. Annahmen sind Überzeugungen, die niemals überprüft wurden, und eine meiner Grundannahmen stellte sich in diesem Moment als völlig falsch heraus, nämlich die, dass die bösen Jungs am Ende immer gefasst werden. Ich war geschockt von der Tatsache, dass jemand, der zu etwas so Schrecklichem fähig war, immer noch frei herumlief.

„Ich war ja so ein Idiot", flüsterte ich.

„Was meinen Sie damit?"

Es fiel mir schwer, es einzugestehen. „Als er nach dem Messer suchte, das er fallen gelassen hatte, hielt ich mir die Augen zu."

„Sie haben eine Chance ausgelassen, ihn zu identifizieren?"

Mir war klar, wie enttäuschend das für sie war. Es hätte sich in ihrer noch jungen Personalakte sicher gut gemacht, wenn sie diesen Fall schnell gelöst hätte.

„Warum?", fragte sie mich.

„Ich weiß nicht. Ich denke, ich habe versucht, mich selbst zu schützen: Wenn ich ihn nicht beschreiben kann, wird er mich vielleicht nicht töten. Ich weiß, das war dumm." Ich schaute sie nicht an, aber aus ihrem Schweigen schloss ich, dass sie Mühe hatte, ihren Ärger herunterzuschlucken.

Einen Augenblick später sprach sie meinen Namen sehr ruhig und sehr langsam aus: „Heather!" Ich schaute ihr ins Gesicht und sah, dass sie mich freundlich, ja sogar eine Spur mitfühlend anschaute. „Lassen Sie mich eines klarstellen!", sagte sie mit schulmeisterlichem Tonfall. „Sie haben nichts falsch gemacht. Dass Sie sich sein Gesicht nicht eingeprägt haben, war möglicherweise das einzig Richtige. Schauen Sie, schließlich leben Sie noch, oder?"

Ich nickte widerwillig.

„Warum erzählen Sie mir nicht, was passiert ist?", meinte sie dann. „Vielleicht fällt Ihnen ja noch etwas Wichtiges ein, das uns hilft, den Kerl zu schnappen."

Ich war über diese Aufforderung nicht überrascht, sträubte mich aber trotzdem dagegen. „Ich habe diese Geschichte jetzt schon so oft erzählt", erklärte ich ihr. „Ich kann das nicht noch einmal."

Sie nickte verständnisvoll. „Ich weiß, das ist hart für Sie, aber es gibt gute Gründe dafür. Es wird nicht nur uns helfen, den Kerl von der Straße zu holen, es wird auch Ihnen helfen, schneller damit fertig zu werden. Sie werden erstaunt sein, wie gut es tut, einfach nur darüber zu reden."

Das Argument, diesen Kerl von der Straße zu holen, überzeugte mich schließlich. Das mit der schnelleren

Bewältigung schien mir so weit hergeholt, so unrealistisch. Doch während ich erzählte, wurde meine Stimme tatsächlich fester und mein Herz schlug nicht mehr ganz so heftig. Die Kommissarin machte sich genaue Notizen und ließ mich Punkte wiederholen, die ihr nicht auf Anhieb schlüssig waren oder die sie genauer wissen wollte. Am Ende schloss sie ihr Notizbuch und lehnte sich zurück.

„Gut", sagte sie mit einer Autorität, die nicht zu ihrem Alter passte, „wenn Ihnen noch irgendetwas einfällt, lassen Sie es mich bitte wissen! Und ich halte Sie über alles Weitere auf dem Laufenden. Klingt das gut?"

Wir erhoben uns und reichten einander die Hand, dann ging ich zu dem kleinen ungemütlichen Raum mit den Plastikstühlen zurück, in dem Lori auf mich gewartet hatte. Sie studierte gerade die Fahndungsfotos mit den dazugehörigen Täterbeschreibungen. Schweigend gingen wir zum Wagen und auch auf der Heimfahrt sprachen wir nur wenig.

„Lasst Mark und mich wissen, wenn ihr irgendetwas braucht!", rief Lori mir nach, als wir uns verabschiedeten. „Ansonsten sehen wir uns am Sonntag in der Kirche!"

✳

Sie sah mich am nächsten Sonntag nicht in der Kirche. Ich hatte einfach Angst davor.

„Alle haben davon erfahren", klagte ich Steve am Sonntagmorgen, während ich ein unpassendes Kleid nach dem anderen auf das Bett schleuderte. „Alle werden betreten schweigen und ich weiß nicht, wie ich den anderen in die Augen sehen soll."

„Wir können auch zu Hause bleiben", bot Steve an.

„Was werden meine Eltern denken?", fragte ich. Mama und Papa waren unten und kochten Kaffee.

„Spielt es denn eine Rolle, was sie denken?", fragte Steve.

Ich ging hinunter. „Mama, ich möchte heute nicht in den Gottesdienst gehen. Würde es dir etwas ausmachen, wenn ich zu Hause bleibe?"

„Natürlich nicht, Heather", sagte meine Mutter schnell, „vielleicht sollten wir heute alle zu Hause bleiben."

„Ja, für dich wäre das sicher auch nicht leicht." Doch ich brauchte die Zustimmung beider: „Was meinst du, Papa? Sollte ich das Ganze heute hinter mich bringen oder ist es in Ordnung, es auf nächste Woche zu verschieben?"

Hätte ich ihn gefragt, welchen PC ich mir kaufen oder welches Buch ich lesen oder welche Tapete ich aussuchen sollte, ich hätte eine Antwort bekommen, die selbst Fachleute überzeugt hätte. Doch diese Frage wischte er mit der Hand beiseite wie der Scheibenwischer einen hässlichen Fleck auf der Windschutzscheibe. „Ich weiß nicht, Heather. Ich weiß es nicht."

Was ich hörte, war: *Geh nicht!* Denn wie sollte ich mit dem Gottesdienst klarkommen, wenn mein Vater nicht einmal mit einer Frage wie dieser zurechtkam.

Und so blieben wir am ersten Sonntag nach der Vergewaltigung zu Hause. Doch unser Fortbleiben verhinderte nicht, dass die Gemeindeglieder von der Nachricht erschüttert waren.

Es wurde ein spontanes Gebetstreffen für unser Anliegen organisiert. Ich selbst ging nicht hin, aber ich hörte, dass der Gemeindesaal bis auf den letzten Platz besetzt war. Das Treffen bestand aus einer lockeren Mischung von Gebet und Gespräch. Pastor Mark gab den Anwesenden Raum, ihre Gefühle voreinander und vor Gott auszudrücken, ohne unter dem Druck zu stehen, *das Richtige* sagen zu müssen. Manche weinten offen heraus. Andere sprachen von ihren eigenen Ängsten. Wieder andere riefen nach

Gerechtigkeit. Maryann erzählte mir, ihr Mann sei so wütend gewesen, dass er nicht hatte beten können und stattdessen im Untergeschoss herumgetobt und das *Arschloch* beschimpft hätte, das einer guten Freundin so übel mitgespielt hatte.

Jemand kaufte uns den Wachhund, von dem wir schon öfter gesprochen hatten: einen Beagle, dessen Biss selbst für ein Kind ungefährlich war, dessen Bellen jedoch die halbe Nachbarschaft zusammentrommeln würde.

Ein anderer schrieb einen Leserbrief, in dem er den Gebrauch der Wendung *vermeintlicher Täter* in der ursprünglichen Zeitungsmeldung beanstandete.

Und wieder jemand schickte uns einen Brief mit einer anonymen Geldspende und beklagte, dass er oder sie uns nicht so nahe stünde, uns anderweitig zu helfen.

Auch unsere Familien standen uns bei.

Einige Tage nach der Vergewaltigung fuhr ich mit Steve zu seinen Eltern. Die ganze Verwandtschaft hatte sich dort versammelt. Ich war nervös. Doch als ich zur Tür hereinkam und die Tränen in den Augen meines sonst so stoischen Schwagers sah und er mich in seinen Armen barg; als Steve und ich von all seinen Angehörigen liebevoll umarmt wurden; als meine Schwiegermutter mich mit einem so herzlichen Mitgefühl anschaute, als sei ich ihre eigene Tochter, verlor sich meine Nervosität. Hier war ich sicher.

Nachdem meine Eltern wieder nach Hause zurückgekehrt waren, übernahm Tasha die Aufgabe, uns zu bemuttern. Sie nahm die Mahlzeiten entgegen, die andere für uns gekocht hatten, und ging für mich ans Telefon, wenn es klingelte. (Wir hatten noch zwei weitere anonyme Telefonanrufe bekommen und ich wollte einfach nicht mehr drangehen.) Sie spielte mit den Kindern, wenn Steve und ich alleine sein wollten. Sie brachte einen ihrer eigenen Körbe mit für all die Karten, die sich in unserem Briefkasten

stapelten – und sie riet uns, diese *Liebesbeweise* für immer aufzubewahren.

Und vor allem träufelte sie jeweils nur so viel von ihrer Weisheit in mein Herz, wie ich ertragen konnte. Einmal, während wir spazieren gingen und Steve zu Hause auf die Kinder aufpasste, überwältigte sie mich mit ihrer Einsicht.

„Weißt du, Tasha…", begann ich zaghaft. Ich war überzeugt davon, dass meine folgenden Worte ziemlich wirr klingen mussten, aber es war ein Gedanke, der sich in mir festgesetzt hatte und den ich einfach aussprechen musste. „… die Vergewaltigung an sich war nicht einmal so schlimm."

„Was?", platzte sie heraus, doch ich legte besänftigend meine Hand auf ihren Arm.

„Hör mir doch bitte zu!", bat ich sie. „Ich möchte, dass du weißt, dass es nicht so schlimm war. Die Kinder leben noch und ich lebe noch und eigentlich hat sie keine schlimmen Folgen gehabt."

„Kleines!", fiel sie mir ins Wort.

„Warte, Tasha. Hör mir zu! Es geht mir gut. Ich verurteile den Kerl nicht, der das getan hat. Es ist irgendein Schwarzer, der sicher sein Leben lang von Weißen unterdrückt wurde. Wenn das die einzige Wiedergutmachung ist, die wir den Schwarzen zu zahlen haben, dann ist das doch relativ harmlos."

Ich erinnerte mich noch gut daran, wie betroffen mich ein Buch gemacht hatte, das von einer Farbigen erzählte, die schreiend und verzweifelt durch ein trennendes Gitter die Hand ihres dreijährigen Sohnes umklammerte. Sie konnte sein Schreien hören und sein verzweifeltes Gesicht sehen, während der Abstand zwischen ihr und dem Wagen, auf dem er sich befand, immer größer wurde. Ihr Besitzer hatte ihr gesagt, der Junge würde sie schon in

ein paar Tagen vergessen haben. Die Weißen hatten den Schwarzen mit viel größerer Boshaftigkeit Gewalt angetan, als ich hatte erleiden müssen.

Ich musste an einen guten Freund von uns denken – einen jungen Farbigen –, den man schon so oft beiseite gezerrt und verprügelt hatte, nur weil er in einem Viertel wohnte, in dem er angeblich nichts zu suchen hatte.

Ich dachte an unseren Makler, der mir erzählt hatte, dass er bestimmte Häuser Farbigen erst gar nicht zeigen würde, um seine weiße Klientele nicht zu verärgern.

Ich dachte an das farbige Mädchen aus meiner Grundschulzeit, über das ich mich mit meinen Freundinnen immer lustig gemacht hatte.

Und so sagte ich nun traurig zu Tasha: „Ich will diesen Schlag auf die Wange annehmen – als Wiedergutmachung für ..."

Doch Tasha brachte mich zum Schweigen: „Jetzt reicht's aber, meine Liebe. Du bist doch nicht Christus – also schlag dir diese Idee aus dem Kopf, dass du die Schuld der Welt tragen kannst. Was dieser Mistkerl dir angetan hat, war falsch. Mir ist ganz gleich, was er alles erdulden musste oder was irgendwelche hochnäsigen Weißen ihm oder anderen angetan haben. Das gibt ihm noch lange nicht das Recht, eine Frau zu vergewaltigen. Er hat dir Unrecht getan und ich will nicht noch einmal hören, dass du das kleinredest. Hast du mich verstanden?"

Ich hatte verstanden.

„Außerdem suchst du nur nach einem billigen Weg zur Vergebung. Wenn es nicht so schlimm gewesen wäre, dann hättest du auch nicht so viel zu vergeben. Er hat dir sehr wehgetan, Schwester. Und du musst ihm die ganze schreckliche Tat vergeben."

Wer kam gegen ein solches Maß an Weisheit an? Und so klärten sich meine wirren Gedanken und machten

gesunden, aber auch schmerzhaften Fragen Platz: *Was genau hatte ich verloren? Würde ich wirklich in der Lage sein, es zu vergeben?*

✳

Eineinhalb Wochen nach der Vergewaltigung überlegten wir wieder, ob wir nicht lieber den Gottesdienst auslassen sollten.

„Nein", sagte ich, obwohl ich ein flaues Gefühl im Magen spürte. „Ich habe Mark versprochen, ein paar Worte an die Gemeinde zu richten. Und am besten bringe ich das gleich hinter mich."

Also besuchten wir den Gottesdienst. Wir waren etwas zu spät dran und setzten uns in die letzte Reihe. Viele senkten den Blick, als sie uns sahen. Ich warf Steve einen wissenden Blick zu.

Der an sich vertraute Ablauf des Gottesdienstes kam mir an diesem Morgen merkwürdig fremd vor. Wir sangen Lieder, die ich seit meiner Kindheit kannte, und sagten das Apostolische Glaubensbekenntnis so sicher auf, als wäre es das Alphabet, und doch blickte ich mich im Gemeindesaal um, als sei ich eine Fremde. Ich wusste zwar, dass Mark meinen Beitrag ankündigen würde, aber ich war trotzdem überrascht, als es so weit war. Ich ging den Mittelgang entlang nach vorne und spürte, dass alle Augen auf mich gerichtet waren. Am Pult räusperte ich mich und starrte auf meine Notizen. Ich musste all meinen Mut zusammennehmen, um die Worte auszusprechen, die da vor mir auf dem Papier standen.

„Gott wusste genau, was er tat, als er die Gemeinden ins Leben gerufen hat: Ich wüsste nicht, wie ich die letzten Wochen ohne die Unterstützung dieser Gemeinde überstanden hätte." Ich sah zu Tasha in der vierten Reihe – ihr

Stammplatz. Sie zwinkerte mir mit einem knallorange bemalten Augenlid zu. „Ich weiß, dass ihr uns aus einer ehrlichen und tiefen Liebe und Sorge heraus geholfen habt. Aber mir ist auch bewusst, dass es für euch heilsam war, uns zu helfen – denn ihr alle habt unseren Schmerz mitgetragen. Der Mann, der mich angegriffen hat, hat auch diese Gemeinde angegriffen."

Ich zögerte einen Moment und fragte mich, ob ich den Rest meines Textes nicht lieber weglassen und mich wieder setzen sollte. Ich blickte auf und sah genau in die Augen eines älteren Mannes. Er hatte zu den Ersten gehört, die mich in dieser Gemeinde willkommen geheißen hatten, und hatte sich schon oft meine Sorgen angehört. Seine abstehenden Ohren waren sehr groß, sodass er aussah wie die Figur auf der Vorderseite der Zeitschrift *Mad*. Jetzt waren sie ganz dem zugewandt, was ich zu sagen hatte. Auf seinen Lippen lag ein Lächeln – so als wäre er stolz auf mich –, das noch strahlender wurde, als unsere Blicke sich kreuzten.

Ich fuhr fort: „Unsere Vision von der Aussöhnung unter den Rassen und von einer gesunden Entwicklung der Beziehungen aller, die in unserem Viertel leben, war dieser Attacke ausgesetzt, und so will ich die Erste sein, die sagt: Wir dürfen nicht aufgeben! Wir sind nicht vollkommen und vor uns liegt eine schwierige Aufgabe, die uns Angst macht. Aber ich weiß, dass Gott uns benutzen kann, um seine Kraft und Liebe in dieser Welt zu erweisen. Und wir müssen nicht mehr tun, als unsere Nächsten so zu lieben wie uns selbst."

Steve hatte meinen Text zuvor bereits gelesen und gutgeheißen. Nun schaute ich ihn an – er saß allein in der letzten Reihe und starrte auf den Boden – und ich wünschte mir, er stünde jetzt mit mir hier vor der Gemeinde. Selbst ihn hätte dieser Anblick berührt.

Die Pianistin, eine liebenswerte Frau mit langem grauem Haar, die selbst einiges Leid erfahren hatte, hatte ihre Augen geschlossen und wiegte sich leicht hin und her. Sie betete für mich, das wusste ich. Die junge Studentin, die hin und wieder als Babysitter zu uns kam und normalerweise in den geringer besuchten Abendgottesdienst ging, weinte frei heraus. Eine junge Mutter, deren Mann vor kurzem an Krebs gestorben war, nickte mir aufmunternd zu. Ein Ehepaar – gute Freunde von uns –, das bereits acht Jahre verheiratet, aber immer noch kinderlos war, hielt sich bei der Hand – bereit, mir überallhin zu folgen, sollte ich einen entsprechenden Aufruf an die Gemeinde richten. Ein Musikprofessor mittleren Alters hatte seine Hand an die Stirn gelegt, als leide er große Schmerzen; und so war es wohl auch. Eine Frau, deren Neugeborenes erst kürzlich gestorben war, saß in der ersten Reihe. Sie war letzte Woche oft zu uns gekommen, um uns etwas zu essen und ermutigende Karten vorbeizubringen.

Ich sah die Leute, die für den Gemeindebrief zuständig waren und mit denen ich mich Monat für Monat traf, in den Reihen sitzen: eine unverheiratete Frau mittleren Alters, deren verschmitzte Art so ansteckend war; ein intelligenter und warmherziger Mann in meinem Alter, der ebenfalls holländischer Abstammung war, mit einem zutiefst freundlichen Wesen; eine Lehrerin, die uns immer wieder zum Lachen brachte. Ich sah die Musiker und Lektoren und Schauspieler und Tänzer, mit denen ich mich oft für die Vorbereitung von Gottesdiensten besprach. Ich sah die Kindergottesdienstleiterin, die meine Jungs in der Sonntagsschule unterwies, und Eltern der Kinder, die ich unterrichtete. Ich sah das Evangelisationsteam, das sich schon oft um meinen Tisch versammelt hatte, um theologische Fragen und Strategien zu diskutieren: ein Seelsorger, eine Witwe, ein Lehrer und eine Hausfrau und Mutter.

„Selbst wenn diese Erfahrung sonst nichts Gutes mit sich bringt", schloss ich mit ernster Miene, „ich weiß jetzt aus tiefster Überzeugung, dass Gottes Gnade wahrhaftig genügt – und ich erkenne, wie wertvoll es ist, zu dieser Gemeinde, zu dieser Familie Gottes, zu gehören."

Als ich mich – vorbei an all den lächelnden, aufmunternden Gesichtern, vorbei an Tränen und freundlichen Berührungen – wieder an meinen Platz setzte, zitterte ich am ganzen Körper.

Welch ein Reichtum: Jeden Tag beteten Menschen für mich und meine Familie. Ich erfuhr so viel Liebe und Fürsorge. Wie viel Segen bedeutete die besonnene Weisheit dieser Gemeinde für mich.

✳

Und so ging ich wie Petrus auf dem Wasser: Ich unterhielt mich freundlich mit meinen Nachbarn und lachte mit den Kindern. Und ich sagte zu Steve, er solle ruhig zur nächsten Kirchenvorstandssitzung gehen.

„Kein Problem für mich", beharrte ich.

Er ging trotzdem nicht hin.

Doch einen Monat später ritt ich immer noch auf dieser Welle – getragen vom Gebet meiner Freunde. „Du kannst ruhig gehen", sagte ich ihm.

Steve zögerte. Uns war bewusst, dass es seit dem Übergriff das erste Mal sein würde, dass ich alleine zu Hause blieb.

„Und was, wenn du wieder einen anonymen Anruf bekommst?"

„Ich geh einfach nicht ans Telefon."

„Könntest du nicht jemanden bitten, bei dir zu bleiben, solange ich weg bin?"

„Das könnte ich schon, aber wir müssen ja irgendwann wieder zum Alltag zurückkehren."

Ich war beinahe so aufgeregt wie damals, als ich meine Fahrprüfung ablegte: Ich erhoffte mir die Freiheit. Ich glaubte, auf diese Weise die letzten Fesseln abstreifen zu können, die mich in der Opferrolle gefangen hielten.

Ich verriegelte die Tür, sobald Steve das Haus verlassen hatte. Ich kontrollierte auch die hintere Tür. Dann ging ich nach oben, um die Kinder zu baden. Während sie glücklich und unbeschwert planschten, ging ich hinunter, um noch einmal alle Schlösser zu kontrollieren. Ich wollte mir einen Keks holen, weil ich schrecklichen Hunger hatte, doch da hörte ich den Fußboden knarren. Ich stand regungslos da, auf das Schlimmste gefasst. Nichts geschah. Ich rannte nach oben und half den Kindern, sich bettfertig zu machen. Wir schauten noch lange gemeinsam Bücher an. Das Telefon klingelte einige Male, aber ich ging nicht dran.

Nachdem ich die Jungs ins Bett gesteckt und ihnen einen Gute-Nacht-Kuss gegeben hatte, musste ich wohl oder übel nach unten gehen. *Ich werde heute Abend noch etwas geschafft bekommen,* sagte ich zu mir selbst. Kaum hatte ich das Kinderzimmer verlassen, erstarrte ich vor Schreck: *Was war das für ein Geräusch?* Bange Minuten folgten: Ich presste meinen Rücken gegen die Wand und schlich leise nach unten. Ich sah das dreckige Geschirr in der Spüle. Aber das Klappern beim Spülen hätte mich davon abgehalten, irgendwelche auffälligen Geräusche zu hören, und so ließ ich den Abwasch stehen. Die Waschmaschine war ebenfalls zu laut, also schaltete ich sie mitten im Waschvorgang ab. Das Radio brachte mir keinen Trost und so machte ich es aus.

Mit dem Telefon in der einen und dem Pfefferspray in der anderen Hand schlich ich durchs Haus. Und als mir selbst das zu laut erschien, setzte ich mich angespannt aufs Sofa und lauschte und lauschte. Das Haus hörte nicht auf,

irgendwelche Geräusche von sich zu geben, selbst wenn ich völlig still saß. Jede Diele unseres Holzbodens schien zu knarren. Ich fragte mich, ob diese Geräusche neu waren oder ob ich sie zuvor nur nicht wahrgenommen hatte.

Wen soll ich anrufen? Mark und Lori hatten mir angeboten, ich könne sie jederzeit anrufen. Aber was sollte ich ihnen sagen? Ich habe Angst? Kommt her und spielt den Babysitter für mich? Ich könnte Tasha anrufen und ein bisschen mit ihr plaudern – aber dann würde ich nicht mehr hören, was sich im Haus tat. Das Knarren wurde lauter.

Ich hielt es nicht mehr aus. Ich rannte nach oben und verkroch mich im Kinderzimmer. Sie schliefen friedlich, während ich mich hinter der Tür versteckte und durch den Türspalt lugte. Mir wurde übel.

Es war jemand in meinem Haus! *Ich weiß, dass jemand im Haus ist!*

Und dann tat ich es: Ich wählte die Notrufnummer.

Es klingelte einige Male, bevor sich eine Frauenstimme meldete. Als sie mich fragte, was los sei, flüsterte ich. Keine zwei Minuten später hörte ich die Polizeisirene. Mit Telefon und Pfefferspray bewaffnet rannte ich hinunter zur Tür.

„Es ist jemand im Haus!", rief ich den Polizeibeamten voller Panik zu.

„Okay, Ma'am. Wie wär's, wenn Sie hier draußen warten, bis wir das Haus durchsucht haben."

„Meine Kinder! Sie schlafen!"

„Befinden sie sich im oberen Stockwerk?"

„Ja."

„Haben Sie in letzter Zeit nach ihnen gesehen?"

„Ja, ich war im Kinderzimmer, als Sie eintrafen."

„Gut. Ein Beamter wird bei Ihnen bleiben, bis wir die Lage geklärt haben. Solange warten Sie bitte hier auf der Veranda!"

Fünf Polizeiwagen parkten um das Haus. Ich stand mit einem Beamten auf der Veranda, während die anderen mit gezogener Waffe vorsichtig ins Haus gingen: zwei nach oben und zwei in den Keller und ein paar, die ums Haus herumschlichen. Ich zitterte. Langsam wich die Furcht, und Erleichterung stellte sich ein – und nach der Erleichterung Scham. Die Beamten fanden keinerlei Hinweise darauf, dass ein Fremder mein Haus betreten hatte.

Niemand machte mir wegen des falschen Notrufs Vorwürfe. „Manchmal gibt es in diesen alten Häusern die merkwürdigsten Geräusche. Das kann einem schon einen Schrecken einjagen, wenn man nicht daran gewöhnt ist", meinte einer der Beamten freundlich.

Selbst Steve regte sich nicht über mein Versehen auf.

„Keiner macht dir einen Vorwurf", sagte er, nachdem die Beamten gegangen waren und wir die Tür hinter ihnen verschlossen hatten. Und das, nachdem er geradewegs auf unser Haus mit all den blinkenden Streifenwagen zugefahren war, das Auto irgendwo geparkt hatte und zum Haus gerannt war. Ich hatte ihn noch nie so panisch erlebt wie in diesem Augenblick, als er auf mich zulief und mich fest in den Arm schloss. Trotzdem machte er mir keine Vorwürfe.

Aber mir war schlecht. Ich wusste, ich war mit fliegenden Fahnen untergegangen. „Ich hätte keine Angst haben dürfen", jammerte ich.

Steve war anderer Meinung. „Das ist nicht wahr", sagte er unbeirrt. „Es wäre unnormal, wenn du keine Angst gehabt hättest."

Doch ich hörte ihn kaum noch. Ich war ins Bad gerannt und erbrach mich.

Die vierte Möglichkeit

Ich musste an Sodbrennen denken
und an die Kotzerei und daran,
dass ich nicht mehr in
meine Kleider passen würde.
Und das alles für ein Baby,
das ich nicht haben wollte.

Ich habe mich lange gefragt, ob du diese berüchtigte Nacht wohl im Voraus geplant hast oder ob du einem spontanen Impuls gefolgt bist. Inzwischen weiß ich, dass diese Frage genauso wichtig oder unwichtig ist wie meine Überlegungen, ob ich diese Pille nehmen sollte oder nicht.

M̓eine Periode ist ausgefallen", sagte ich zu Maryann, „schon zum wiederholten Mal." Wir saßen in ihrem Sprechzimmer: sie mit dem Rücken zu ihrem schweren Eichenschreibtisch, der in ein Bücherregal integriert war, das von einer Wand zur anderen reichte; ich in einem riesigen Sessel, die Füße unter dem Couchtisch, der uns beide trennte. Nach einer Untersuchung saßen wir häufig noch zu einer Nachbesprechung in diesem Raum zusammen.

„Das wundert mich nicht", antwortete sie. „Dein Körper ist durch die Medikamente und den Stress durcheinander geraten. Es ist erst ein paar Monate her …" Sie verstummte und schaute mir direkt in die Augen, als wolle sie abschätzen, wie viel sie mir zumuten könne.

„Du kannst es ruhig sagen."

„Hör zu!", fuhr Maryann fort. „Das Ovral wirkt. Ich mache mir mehr Sorgen darüber, dass du deine Gefühle verdrängst, als darüber, dass du schwanger sein könntest. Niemand erwartet von dir, dass du die Starke spielst, Heather."

Ich wusste, was sie meinte. Ich hatte schnell gelernt, dass die meisten Leute mich erst in Frieden ließen, wenn ich mindestens eine Träne vergossen hatte. Und ich hasste das. Die Starke spielen? Ich wünschte mir, ich hätte meine innere Verzweiflung verdrängen *können*.

„Oh Maryann, reden die Leute wirklich so über mich? Ich habe das Gefühl, ich höre gar nicht mehr auf zu

heulen. Überall wird für mich gebetet: im Gottesdienst, im Hauskreis, am Telefon. Und jedes Mal, wenn Steve das Haus verlässt, muss ich einen Babysitter für mich suchen, denn wenn ich es nicht tue, rufe ich am Ende wieder die Polizei. Ich bin ein Häufchen Elend, Maryann. Ich wünschte, ich wäre so stark, wie die Leute behaupten."

„Du bist stark. Du hast ein paar ziemlich mutige Entscheidungen getroffen. In der Gemeinde arbeitest du immer noch für drei – was ich übrigens nicht richtig finde. Du wirkst glücklich. Aber ich mache mir Sorgen – du scheinst mit deinen Gefühlen nicht in Kontakt zu sein. Nimm diese Sache mit der Pille zum Beispiel. Du hattest eine solch starke Abneigung gegen eine Abtreibung – selbst zu einem so frühen Zeitpunkt und selbst unter solchen Umständen. Ich weiß, so eine Einstellung wird von Christen erwartet, aber in dieser Situation erschien es mir merkwürdig."

„Glaubst du, ich habe euch nur etwas vorgespielt?"

„Nein. Ich habe mich gefragt, ob dich das womöglich wegen irgendeiner früheren Erfahrung so sehr umgetrieben hat – etwas, was du uns verschwiegen hast."

Sie schaute mich vorsichtig an, so als könne sie an meinem Gesicht etwas ablesen. Doch darin stand nur Verwirrung geschrieben, weil ich keine Ahnung hatte, worauf sie hinauswollte. Außer, dass sie mir vielleicht unterstellen wollte, ich hätte eine Affäre gehabt und wollte es nun auf eine vermeintliche Vergewaltigung schieben. Nun war es an mir, sie misstrauisch anzuschauen.

Schließlich brach sie die Stille: „Okay. Ich frag dich das jetzt einfach. Und ich verspreche dir, dass ich dich nicht verurteilen werde."

„Was fragst du mich?"

„Hattest du schon mal eine Abtreibung – als du noch jünger warst? Denn wenn das der Fall wäre, solltest du *das*

in der Seelsorge bereinigen. Die meisten Frauen haben keine Ahnung, wie traumatisierend …"

„Nein."

„Was nein?"

„Nein, ich hatte keine Abtreibung. Du selbst bist es gewesen, die jede meiner Schwangerschaften medizinisch betreut hat."

„Warum bist du dann so gegen eine Abtreibung?"

„Weil es verkehrt ist, unschuldige Babys zu töten." Das klang sicher ein wenig vorwurfsvoll.

„Ist das alles?"

„Ja." Es machte mir nichts aus, dass sie mir eine so persönliche Frage gestellt hatte. Es machte mir auch kaum etwas aus, dass sie mir eine Abtreibung zugetraut hatte. Aber mich störte, dass sie mir meine Motive nicht abnehmen wollte: Ich war von meiner irrationalen Überzeugung ohnehin schon verwirrt genug. Da konnte ich nicht noch ihre Zweifel obendrein gebrauchen.

„Oh! Und du bist sicher, dass du deine Gefühle nicht verdrängst?"

„Sicher nicht. Willst du wissen, wie ich mich jetzt gerade fühle? Saumies. Ich glaube, ich bin schwanger, und ich vermute, dass ich eines Tages erfahren werde, dass ich Aids habe."

Sie schüttelte den Kopf. „Ich kann wohl kaum nachfühlen, wie groß deine Angst sein muss. Ich würde sterben vor Angst. Aber mal ehrlich, Heather: Keine dieser beiden Szenarien ist wahrscheinlich. Schau, du hast das Ovral genommen …" Sie hielt inne und wartete wohl auf eine Bestätigung meinerseits, also zuckte ich zustimmend mit den Achseln. „… und der erste HIV-Test war bereits negativ."

„Was will das schon heißen", meinte ich mit der Begeisterung eines Truthahns, den man beim letzten *Thanksgiving*

verschont hatte, weil man ihn sich für das Weihnachtsfest aufheben wollte. „Es liegen noch 20 Tests vor mir, bevor wir mit Sicherheit wissen, dass ich kein Aids habe."

„Vier", korrigierte sie mich.

„Gut, dann halt vier. Aber es bringt mich um, dass ich zwei Jahre darauf warten muss."

„Ja", stimmte sie zu, „das wird eine harte Zeit werden. Ach übrigens: Du und Steve – ihr macht doch noch eine Pause, richtig?"

„Ja, ich will im Moment ohnehin keinen Sex haben."

„Hast du darüber schon mit deinem Therapeuten gesprochen? Ich meine, du solltest natürlich warten, bis der 6-Monats-Test negativ ausfällt, und auch danach solltet ihr ein Kondom benutzen, aber in der Zwischenzeit wäre es sicher gut, wenn du dich mit deinen Gefühlen auseinandersetzt."

Ich zuckte die Achseln. Mein Sexualtrieb beziehungsweise sein Ausbleiben war keines der Probleme, die mir im Moment wichtig waren. „Ich habe das Gefühl, ich bin schwanger, Maryann."

„Das hast du früher schon behauptet und es hat nicht gestimmt. Manchmal habe ich den Eindruck, du redest dir so lange ein, schwanger zu sein, bis dein Körper sich schwanger verhält."

„Aber es ist noch nie so stark gewesen. Ich fresse wie verrückt in mich rein und muss ständig kotzen."

Sie seufzte. „Möchtest du zur Sicherheit einen Test machen lassen?"

Ihre Stimme klang leicht verärgert, aber ich nahm es ihr nicht übel. Es war mir ja selbst ein wenig peinlich, dass ich glaubte, schwanger zu sein. Wir wussten ja beide, dass das eigentlich gar nicht sein konnte.

„Ja, ich möchte den Test machen", sagte ich. „Dann höre ich vielleicht auf, mir darüber Sorgen zu machen."

Aber ich stand noch nicht auf. Ich wollte noch ein wenig Trübsal blasen.

„Wer war das noch, der gesagt hat: ‚Frauen sind wie Tee. Man weiß erst, was in ihnen steckt, wenn man sie in heißes Wasser schmeißt'?", fragte ich mürrisch.

Maryann erhob sich. Ich wusste, dass sie meinetwegen andere Patienten warten ließ. „Das war Eleanor Roosevelt", sagte sie. „Aber du hast sie falsch zitiert."

Ich grinste und sie fügte kichernd hinzu: „Außerdem musst du noch eine ganze Weile ziehen, bevor du nach irgendetwas schmeckst."

„Aah, beiß am besten auf eine Zitrone!", riet ich ihr.

„Und du pinkelst am besten in einen Becher!", gab sie zurück.

Ich lachte, obwohl mir nicht danach war, und verschwand auf der Toilette. Nachdem ich den Urinbecher hinter die kleine Klappe in der Wand gestellt hatte, kehrte ich in Maryanns Sprechzimmer zurück und kuschelte mich in den Sessel. Ein Bild von John Perkins auf der Vorderseite einer Zeitschrift erregte meine Aufmerksamkeit. Ich hatte schon bei verschiedenen Konferenzen Vorträge von ihm gehört. Er war ein erstaunlicher Mann. Man hatte ihn schon mehrfach zusammengeschlagen und misshandelt, nur wegen seiner schwarzen Hautfarbe, und trotzdem setzte er sich noch immer für die Verständigung zwischen den Rassen ein – und mit welchem Segen! Das Feuer, in dem seine Weisheit geläutert worden war, war ohne Zweifel um einiges heißer gewesen als das, durch das ich gegangen war. Ich nahm die Zeitschrift, um mich zu beschäftigen, während ich auf Maryann wartete. Ein Zettel fiel heraus. Ich war überrascht, dass es

sich um einen Artikel handelte, den ich, einen Monat bevor der Fremde in mein Schlafzimmer eingedrungen war, für den Gemeindebrief geschrieben hatte. Ich überflog den Text und spürte die Hitze in meinem Gesicht aufsteigen.

Einer der Gründe, warum unsere Innenstädte immer mehr verfallen, ist der, dass jeder, der kann, in die Vorstädte flieht. Zurück bleiben nur die Armen und Ausgestoßenen. Die Innenstädte werden nur gesunden, wenn Menschen dorthin ziehen, die bereit sind, sich für die Entwicklung ihrer Wohnviertel einzusetzen – und das nicht nur einen Tag oder eine Woche lang, sondern über Jahre hinweg, im alltäglichen Zusammenleben. Ohne Rücksicht auf die Konsequenzen, die es für sie persönlich haben mag.

Auf einmal beneidete ich mich selbst um diesen naiven Glauben, den ich mittlerweile verloren hatte. Nicht, dass ich diesen von mir geschriebenen Worten nicht länger zugestimmt hätte; doch heute erschien mir das alles nicht mehr so einfach. *Ohne Rücksicht auf die Konsequenzen, die es für sie persönlich haben mag?* Ich musste an Martin Luther King denken. Er hatte immer in Angst gelebt, weil er wusste, wie bedroht sein Leben war. Er bekannte vor Gott, dass er am liebsten aufgehört hätte. Und doch folgte er dem Heiligen Geist, bis Gott ihm einen Frieden schenkte, der all unser Denken übersteigt. Ja, und dann wurde er ermordet!

Ohne Rücksicht auf die Konsequenzen, die es für sie persönlich haben mag?

Der Mann auf der Vorderseite der Zeitschrift, die auf meinem Schoß lag, schien sich keine Sorgen zu machen, welche Konsequenzen sein Einsatz für ihn persönlich haben könnte. Er war zusammengeschlagen und ins

Gefängnis geworfen worden, weil er sich für Versöhnung eingesetzt hatte. Er hatte die Sicherheit seiner Kinder riskiert, weil er sie auf eine gemischte Schule geschickt hatte, als die Toleranz zwischen den Rassen noch keiner der amerikanischen Grundwerte gewesen war. Er hatte in schwierigen Beziehungen nicht aufgegeben, damit Einheit wachsen konnte.

In meinem Artikel hatte ich diese Männer als Helden gefeiert.

Ein angesehener Professor hatte meinen Artikel in der Luft zerrissen. Er hatte die Tatsache, dass wir im Stadtkern wohnten, schon immer mit zynischen Kommentaren begleitet. Auf meinen Artikel hin sagte er erregt: „Wie kannst du nur glauben, dass du oder deine Gemeinde diesen verrückten Traum jemals verwirklichen könnten? Das Zusammenleben der Menschen in den innerstädtischen Brennpunkten kann niemals friedlich sein."

Aber ich ließ mich damals nicht beirren, und das sagte ich ihm auch.

„Hör zu!", hatte er geschnaubt. „Ich wäre schon sehr überrascht, wenn auch nur ein einziges Glied deiner Gemeinde in die Innenstadt ziehen würde, um deine Vision mitzutragen. Dann würde ich mir sogar überlegen, ob ich nicht Christ werden sollte. Aber das wird nicht passieren. Die Menschen wissen in ihrem tiefsten Innern, dass es keinen Gott gibt. Und deshalb gibt es auch keine Sache, die ein solches Opfer wert wäre."

Meine Entscheidung, in einem sozialen Brennpunkt der Innenstadt zu leben, zählte für ihn offenbar nicht.

Nach der Vergewaltigung war sein Zynismus in blanke Wut umgeschlagen.

„Ihr zieht nicht weg?", hatte er getobt. „Heather, das ist unverantwortlich! Wer weiß, vielleicht sind beim nächsten Mal deine Kinder an der Reihe."

„Gott wird sich darum kümmern", hatte ich darauf zuversichtlich erwidert. Und ich habe es damals auch geglaubt, denn ich schwamm immer noch auf dieser Welle der Fürbitten meiner Freunde. Doch jetzt wand ich mich vor Unbehagen. Mir war meine Angst zuwider.

✳

Ich steckte das Blatt mit meinem Artikel wieder in die Zeitschrift, warf einen Blick auf den Korridor und winkte einer Schwester, die ich bis dahin noch nicht gesehen hatte, um sie zu fragen, ob das Ergebnis des Schwangerschaftstests bereits vorläge. Ich wollte nur nach Hause. Sie grinste mich verschwörerisch an.

„Da müssen Sie auf Dr. DeHaan warten", meinte sie, „aber ich denke, Sie werden mit dem Ergebnis zufrieden sein."

Sie verschwand mit einem fröhlichen Augenzwinkern, noch ehe ich ihr eine Frage stellen konnte.

„Na, klasse!", murmelte ich vor mich hin.

Schließlich betrat Maryann das Schwesternzimmer und ich beobachtete sie durch die geöffnete Tür. Mit ihren Angestellten ging sie genauso um wie mit mir: sehr direkt, aber doch freundlich, korrekt, aber doch auch pragmatisch. Sie redete nicht über mich und ich achtete kaum darauf, was sie sagte. Doch ich beobachtete ihren Gesichtsausdruck, als die fröhliche Schwester ihr meine Karteikarte überreichte.

Maryann blickte kurz auf die Karte, dann schaute sie mit großen Augen in meine Richtung.

Ich fluchte innerlich und knallte die Zeitschrift auf den Couchtisch.

„Heather!", sagte sie mit zitternder Stimme, als sie wenige Sekunden später das Zimmer betrat.

„Ich will's gar nicht hören." Ich hielt mir die Ohren zu und sang „Lalalala" vor mich hin, um ihre Stimme zu übertönen.

„Das ist kein Spiel, Heather!", meinte Maryann, nachdem ich aufgehört hatte zu singen. Sie hatte sich inzwischen an den Tisch gesetzt.

Ich wollte die Sache mit einem Scherz übergehen, aber keine von uns beiden lachte.

„Ich hab's mir anders überlegt, Maryann: Ich will den Test doch nicht machen lassen."

Sie schüttelte den Kopf und ignorierte mein unangemessenes Verhalten. „Der Test ist positiv ausgefallen. Ich kann das kaum glauben!"

Wir schwiegen beide. Ich musste an Sodbrennen denken und an die Kotzerei und daran, dass ich nicht mehr in meine Kleider passen würde. Und das alles für ein Baby, das ich nicht haben wollte.

„Du solltest Steve anrufen", sagte sie schließlich.

Ich sagte nichts, aber meine Gedanken rasten wie wild umher.

„Heather?"

„Ich wette, ich habe auch noch Aids", meinte ich schließlich.

„Hör auf damit, Heather!"

Ich vergrub mein Gesicht in den Händen. Jetzt war mir nicht mehr zum Lachen. „Das schaff ich nicht, Maryann."

Ich spürte ihre Hand auf meiner Schulter.

„Mark hat doch gesagt, ich wäre nicht schwanger", murmelte ich. Als ob diese Anschuldigung irgendetwas an den Tatsachen ändern könnte.

„Das trifft es nicht genau. Wie auch immer, darüber musst du mit Mark reden – und mit Gott." Sie winkte ab. „Im Moment stehst du vor einem anderen Problem. Du bist

schwanger, wie auch immer das passieren konnte. Du solltest Steve anrufen."

„Und was soll ich ihm sagen?"

„Dass du schwanger bist."

Ich stöhnte auf. „Das kann ich ihm nicht sagen."

„Du musst."

Ich hob meinen Kopf, als könne ich damit die Wucht meiner Gefühle zurückhalten. „Warum hat dieses Ovral nicht gewirkt?", fragte ich sie.

Maryann schüttelte den Kopf: „Ich weiß es nicht. Aber darum geht es jetzt nicht. Ruf deinen Mann an!"

„Ich weiß ja. Ich werde ihn anrufen. Ich geh nach Hause und ruf ihn von dort aus an."

„Ich werde Mark für dich anrufen", sagte sie mir. „Das könnt ihr beiden nicht alleine schaffen."

※

Sobald ich die Jungs zu Hause hatte und sie mit etwas beschäftigt waren, rief ich Steve auf seinem Handy an. Da ich ihn nur selten während der Arbeit anrief, brauchte ich eigentlich nichts zu sagen.

„Ich habe schlechte Neuigkeiten", sagte ich trotzdem.

Ich hörte, wie er das Handy zurechtrückte. „Worum geht es?"

Sicher dachte er jetzt an das letzte Mal, als ich ihn mit schlechten Neuigkeiten angerufen hatte. Welche Nachricht für ihn wohl die schlimmere war?

„Ich bin schwanger."

„Du bist schwanger?"

„Ja. Maryann hat den Test durchgeführt."

„Wie kann das sein?"

„Frag mich nicht! Maryann meinte, ich solle diese Frage mit Gott abmachen."

„Ich komm nach Hause, so schnell ich kann."

Ich hatte bis dahin nicht zu fragen gewagt, was wir jetzt tun sollten, doch als Steve nach Hause kam, sprach er das Thema ohne Umschweife an: „Hat Maryann über eine Abtreibung gesprochen?"

„Steve!"

„Ich meine das ernst, Heather. Selbst die radikalsten Gegner der Abtreibung gestehen ein, dass es in solchen Fällen Ausnahmen geben muss."

„Und wie wär's mit einer Adoption?" Noch während ich das Wort aussprach, wusste ich bereits, dass eine Adoption für mich eigentlich nicht in Frage kam. Wie könnte ich ein Kind in mir tragen, es zur Welt bringen und es dann hergeben, damit andere es großzogen? Aber welche Alternativen hätte es gegeben? Es behalten? Das wäre noch schlimmer. Wie konnten wir das Kind des Mannes großziehen, der mich vergewaltigt hatte?

Ich hätte viel darum gegeben, wenn jetzt jemand gekommen wäre und uns voller Überzeugungskraft eine vierte Möglichkeit eröffnet hätte, die noch besser gewesen wäre. Doch es kam niemand und das Einzige, was ich hörte, war das Grummeln in meinem Bauch.

„Was sollen wir nur machen, Steve?"

„Ich weiß nicht", meinte er und es klang wie der erstickte Schrei eines Sterbenden. Er legte den Arm um mich und ich spürte, wie sein Körper von Emotionen erbebte, die auszudrücken er nicht in der Lage war. „Warum muss das uns passieren?", fragte er leise.

Ich verkniff mir, den Text zu zitieren, den ich auf einem Poster im Schwesternzimmer vor Maryanns Büro gelesen hatte: *Ich weiß – Gott lädt mir nur so viel auf, wie ich tragen kann, aber ich wünschte, er würde mir nicht so viel zutrauen.*

Ich versuchte nicht, Steve von meinen Ansichten zu überzeugen.

Ich machte auch keine schlechten Witze.

Ich warf Gott nicht vor, sich die Verkehrten für diese Aufgabe ausgesucht zu haben.

Ich heulte nur. Und während ich Steves Rechte hielt, an der sein Ehering immer noch fehlte, spürte ich, wie sehr ich ihn liebte. Es spielte keine Rolle, dass er so unromantisch war. Es war mir auch egal, dass er nicht der geistliche Leiter war, den ich mir immer erhofft hatte. Er war mein bester Freund und wir steckten gemeinsam in dieser Sache drin.

Umso mehr schockierten mich seine nächsten Worte: „Es ist deine Entscheidung, Heather. Das wusste ich schon, als wir mit deinem Hauskreis zusammensaßen. Ich bin aus dem Spiel. Aber ich kann nicht für dieses Baby da sein. Ich kann das einfach nicht. Es tut mir leid."

Er erhob sich vom Sofa und setzte sich rüber zu den Jungs, die gerade ein Video anschauten.

✳

Ich rief Tasha an.

Ich ließ ihr keine Zeit, ihr Bedauern über die Tatsache auszusprechen, dass ich schwanger war.

„Hältst du es für möglich, dass er mich deswegen verlässt?", fragte ich sie.

„Das hat er nicht gesagt."

„Vielleicht traut er sich nicht, es so direkt auszusprechen, weil er es mir doch immer recht machen will. Aber was sollte er sonst gemeint haben?"

„Vergiss Steve mal einen Augenblick!", riet mir Tasha.

„Aber …"

„Hör zu, Schwester. Glaubst du, Gott möchte, dass du dieses Kind abtreibst?"

„Nein. Aber was soll ich sonst tun? Auf keinen Fall möchte ich meine Ehe aufs Spiel setzen."

„Was ist wichtiger, dass du mit deinem Ehemann im Reinen bist oder dass du mit Gott im Reinen bist?"

„Ja schon, aber wie steht es mit diesem ganzen Gerede, dass die Frau sich ihrem Mann unterordnen soll?"

„Ist schon merkwürdig, dass du dich ausgerechnet jetzt für diese Frage zu interessieren beginnst. Nee, tut mir leid, Heather. Wenn er etwas von dir verlangt, das gegen den Willen Gottes ist, dann ist das nicht die Leitung, der du folgen solltest."

„Gut, du rätst mir also, meine Ehe aufzugeben, um ein Kind zur Welt zu bringen, das ich durch eine Vergewaltigung empfangen habe. Ich will das Baby ja noch nicht einmal haben!"

„Ich sage nur: Du sollst Gott gehorchen. Außerdem ist Steve ein viel zu guter Ehemann, als dass er dich verlassen würde."

Ich schluchzte. Ich wollte keine theologische Diskussion darüber führen, ob Frauen sich ihren Männern unterordnen sollten. Dieses Thema war mir ohnehin verhasst.

„Ich weiß nicht, was ich tun soll, Tasha!" Ich trat ans Fenster und sah Steve, wie er im Garten die Jungs auf der Schaukel anschubste. „Ich will ihn nicht verlieren. Ich will dieses Baby nicht."

„Ich denke, du weißt genau, was du tun sollst."

Natürlich hatte sie recht. „Manchmal kann ich dich nicht ausstehen, Tash."

„Kleines, du liebst mich. Und nun bitte deinen Mann, dass er mit dir über dieser Sache betet! Ich werde Gott für euch bitten, dass ihr beide seine Stimme hören könnt."

Ich willigte ein und wollte schon Schluss machen, als sie noch einmal nachhakte: „Ich weiß, das ist nicht leicht, Heather. Es tut mir leid, dass du das durchmachen musst. Und du weißt, dass ich dich liebe. Ich liebe dich, egal, wie du dich entscheidest."

Und so ging ich zu Steve und den Jungs in den Garten hinaus.

„Simon gehört ins Bett", sagte ich zaghaft zu Steve – so zaghaft, wie ich noch nie zuvor mit meinem Mann gesprochen hatte. „Hast du was dagegen, wenn ich ihn ins Bett bringe?"

Simon hatte etwas dagegen. Ich brauchte eine halbe Stunde, um ihn zu beruhigen. Oder vielleicht brauchte ich die halbe Stunde auch, um mich zu beruhigen. Als ich ihn schließlich in seinem Babybett zurückließ, sabberte er bereits im Tiefschlaf auf seine Bettdecke.

✳

Ich setzte mich ins Gras neben Steve, der Chad beim Spielen im Sandkasten zusah. Steve beachtete mich nicht und ich wusste nicht, was ich sagen sollte. Er hatte ein Knie angewinkelt und kaute auf einem Grashalm herum, ich selbst saß mit angezogenen Beinen da. Chad konnte oft ganz gut für sich spielen und schien unsere Gegenwart überhaupt nicht zu bemerken.

Schließlich meinte ich leise: „Ich will doch nur das Richtige tun. Könntest du mit mir dafür beten?"

Steve antwortete minutenlang nicht. Ich war nun schon fast zehn Jahre mit ihm verheiratet, aber an sein Schweigen hatte ich mich immer noch nicht gewöhnt. Vielleicht hatte ich zu leise gesprochen und er hatte mich gar nicht gehört. Vielleicht war er auch so wütend auf mich, dass er gar nicht mit mir reden wollte. Oder vielleicht glaubte er nicht daran, dass Gebet uns weiterhelfen könnte. Bisher beschränkten sich unsere gemeinsamen Gebetszeiten auf den Tischsegen vor dem Essen. Ich nahm zwar an, dass er auch betete, wenn er allein war, aber ich hatte ihn nie danach gefragt.

Er drehte langsam den Kopf und schaute mir in die Augen, bevor er zu sprechen begann. Ich sah Wut und Verachtung in seinen Augen. Ich denke, diese Emotionen waren nicht gegen mich gerichtet, aber ich wusste auch nicht, wie ich sie von mir fernhalten konnte.

„Ich kann jetzt nicht beten", meinte er. Er sagte nicht, warum, aber ich traute mich nicht, ihn zu drängen.

„Okay", sagte ich. „Ich kann auch nicht beten. Es war eine dumme Idee." Ich hatte noch nie so sehr versucht, einem anderen Menschen zu gefallen. „Es tut mir leid."

Ich entschuldigte mich wohl dafür, dass ich eine so blöde Idee aufgebracht hatte; aber vielleicht war es auch mehr: Vielleicht entschuldigte ich mich auch dafür, dass ich uns in eine so traurige Lage gebracht hatte, in der uns kein Ausweg blieb. Möglicherweise entschuldigte ich mich auch für meine Dreistigkeit zu meinen, wir könnten dieses Wohnviertel zum Guten verändern – oder dafür, dass ich die Tür zuzusperren vergaß, oder dafür, dass ich ihn mit meinen grässlichen Anrufen belästigte, oder auch dafür, dass ich so lange gezögert hatte, diese Pille zu nehmen. Ich hätte mich auch dafür entschuldigen können, dass ich mich neben ihn gesetzt hatte. Ich hätte ihn ja fragen können, ob es ihm überhaupt recht ist. Ich hätte ihn bitten können, mir zu versprechen, dass alles wieder gut wird; dass er mich in den Arm nimmt und mir verspricht, immer bei mir zu bleiben, egal, was geschieht.

Er schaute zu Chad hinüber und meinte mit fatalistischem Tonfall: „Du wirst das Kind nicht abtreiben lassen, oder?"

„Doch, das werde ich." Ich war von meinen eigenen Worten überrascht. „Ich rufe Maryann an und bitte sie, es niemandem zu erzählen. Ich will nicht, dass es jemand erfährt." Ich würde auch Tasha informieren müssen, aber das wollte ich Steve nicht sagen.

Wieder wanderte sein Blick langsam zu mir, aber diesmal hatte sich sein Gesichtsausdruck verändert. Ich war mir nicht sicher, ob er misstrauisch oder besorgt oder enttäuscht dreinschaute. „Du wirst es abtreiben?"

„Wenn du mir versprichst, mit niemandem darüber zu reden."

„Okay." Ich wollte gerade aufstehen, um meine Entscheidung in die Tat umzusetzen, als er mich am Arm packte: „Bist du dir sicher?"

„Nein", sagte ich ehrlich. „Aber was soll ich denn sonst machen?" Ich schüttelte seine Hand ab und stand auf.

Doch ich wurde von Pastor Mark von meinem Vorhaben abgehalten, der gerade seinen Wagen in unserer Einfahrt parkte. Er stieg aus und kam aufs Haus zu. Als er uns sah, winkte er uns zu. Ich betete, dass er nicht aus dem Grund gekommen war, den ich vermutete.

„Hallo!", grüßte er uns. „Ich konnte euch telefonisch nicht erreichen. Ich hoffe, es macht euch nichts aus, dass ich vorbeischaue."

„Überhaupt nicht", antwortete Steve. „Worum geht's?"

Mark schaute ihn verdutzt an und meinte dann: „Maryann hat mir die Neuigkeit mitgeteilt. Ich dachte, ein paar Mut machende Worte täten euch vielleicht gut."

Der Kompromiss

„Außerdem sind drei Monate um und dein HIV-Test ist fällig."

Mit dem Wort Hass lässt sich nur unzulänglich beschreiben,
was ich für dich empfunden habe. Widerwille. Abscheu. Ekel.
Das alles überkam mich so plötzlich wie ein Blitz, aber es ver-
schwand nicht so schnell. Ich fühlte mich gefangen, abgelehnt,
kaputt – und das alles, weil du dir für einige wenige Augenblicke
eine solche Macht über mich angemaßt hast.

Mark setzte sich ins Gras. Ich rührte mich nicht von der Stelle, außer, um zu meinem Mann zu blicken. Auch Steve verharrte regungslos. Chad hingegen rannte auf unseren Pastor zu und sprang ihm auf den Rücken.

„Na, du Racker!", lachte Mark.

Steve kommunizierte ohne Worte mit mir. Er schaute mich an und sah meine Verzweiflung. Erst starrte er mich einen Moment lang erbarmungslos an, dann knickte er ein. Er winkte resignierend ab und wandte sich dann wieder dem Grashalm in seinem Mund zu. Ich ließ Chad noch ein paar Minuten mit Mark spielen, dann bot ich meinem sorglosen Kind ein paar Kekse und ein Video an. Er hatte in seinem Leben noch nie so viel Zeit vor dem Fernseher verbracht und registrierte diese Veränderung mit Entzücken.

Ich nahm ihn an die Hand und ging mit ihm ins Haus. Er plauderte glücklich über Bambi und ich versuchte ihm zuzuhören, doch eigentlich juckte es mich in den Ohren zu erfahren, was draußen geredet wurde. Und so beeilte ich mich, Chad mit allem Nötigen zu versorgen, damit er zufrieden war.

„Was kann ich schon tun?" Die Ablehnung in Steves Stimme passte nicht zu der Resignation in seinen Worten. „Es ist ihre Entscheidung."

Sie sahen mich kommen. Mark lächelte mir zu, ohne seine Unterhaltung mit Steve zu unterbrechen. „Ich denke, ihr müsst diese Entscheidung gemeinsam fällen."

Steve brummte widerwillig.

„Wie könnte es anders sein, Steve?" Mark ließ nicht locker. „Diese Sache betrifft dich genauso wie Heather."

Steve blickte nicht auf, während er antwortete: „Ich kann sie nicht zwingen, etwas zu tun, was sie nicht will."

Ich dachte, er beklage sich über meine sture Haltung, und so fuhr ich dazwischen, ohne nachzudenken: „Ich hab doch gesagt, ich mach's."

Steve schaute zu mir hoch und schüttelte den Kopf. „Ich meine, dass ich dich nicht darum bitten darf. Ich weiß, du willst es nicht, und deshalb wirst du es letztlich nicht tun können. Und Abtreibungen sind vermutlich falsch." Er zuckte mit den Achseln und wandte sich an Mark: „Aber ich ertrage es nicht, dass sie von dieser Sache schwanger ist. Ich ertrag das einfach nicht."

Ich wusste, dass er ebenso wie ich das Gefühl hatte, in einer Zwickmühle zu stecken.

Überrascht stellte ich bei mir eine leise Enttäuschung darüber fest, dass er mich im Blick auf die Abtreibung vom Haken ließ. Hätte er auf der Abtreibung bestanden, wäre für mich das Problem gelöst gewesen – ich hätte im Stillen die Schuld für dieses Verbrechen auf Steve schieben können. Bei diesem Gedanken erschrak ich über meine eigene Boshaftigkeit und fragte mich, ob ich noch bei klarem Verstand war.

„Habt ihr euch mal überlegt, das Kind zur Adoption freizugeben?", fragte Mark vorsichtig.

Das war Möglichkeit Nummer zwei gewesen, ich aber wartete immer noch auf Möglichkeit Nummer vier.

„Das kann ich nicht", sagte ich.

„Möchtest du das Baby behalten?", fragte Mark überrascht.

„Nein. Das kann ich genauso wenig."

Steve schaute mich verärgert an. „Aber irgendetwas musst du tun", meinte er.

Ich heftete meinen Blick auf Mark und wartete auf weitere Optionen. Einen Augenblick lang herrschte Schweigen.

„John und Barb Adams wünschen sich ein Kind", erwähnte Steve so beiläufig, als spräche er übers Wetter. Doch die Wirkung war alles andere als beiläufig. Mit einem Mal entfaltete sich diese Möglichkeit vor meinem inneren Auge. Ich wurde an die vielen Gespräche mit unseren Freunden erinnert, die oft bis tief in die Nacht gedauert hatten und in denen wir mit ihnen ihr Leid über ihre Kinderlosigkeit geteilt hatten. Sie mochten Kinder. Und wir mochten ihre Art, mit unseren Kindern umzugehen.

Mark und Steve beobachteten mich. Diese Option bedeutete für mich eine neue Entscheidungsfreiheit, und das raubte mir den Atem. Ich wusste, dass ich etwas tun musste. Aber ich wollte die Entscheidung hinauszögern.

„Muss ich das sofort entscheiden?", fragte ich. Vielleicht würde ich mich ja mit der Zeit an den Gedanken gewöhnen, dass andere das Kind großzogen, mit dem ich schwanger gewesen war. Zumal ich ja wusste, was für tolle Eltern dieses Kind haben würde. Aber im Moment ging das noch nicht.

„Nimm dir so viel Zeit, wie du brauchst", antwortete Mark. „Das ist ja schließlich keine Kleinigkeit."

Steve blickte finster drein. Ich konnte es ihm nicht verübeln. Die Antwort schien eigentlich offensichtlich.

„Ich würde euch beiden raten, darüber zu reden und zu beten, bis ihr beide zu der Entscheidung mit gutem Gewissen Ja sagen könnt", sagte Mark.

Ja, super, dachte ich, *reden, beten, mit gutem Gewissen Ja sagen können*. Mein Sarkasmus richtete sich nicht gegen Mark. Und mein Zorn war nicht nur an Steve adressiert.

Doch meine eigentliche Wut hatte ja keinen, gegen den ich sie hätte richten können. Und so wandte sie sich gegen Steve, sobald Mark gegangen war: „Warum sagst du mir nicht einfach, was ich machen soll? Hör doch auf mit diesem Mist von wegen ‚alles deine Entscheidung‘. Wir müssen das gemeinsam entscheiden." Er sah so aus, als wolle er etwas sagen, doch ich schnitt ihm das Wort ab: „Nein, ich werde dieses Kind nicht abtreiben."

Steve schaute mich mit einer unerträglichen Geduld in seinen Augen an. Er schwieg und ich erkannte, wie unsinnig mein Ausbruch war.

„Ach, halt doch den Mund!", befahl ich seinem Schweigen und stürmte ins Haus.

Er kam nicht sofort nach, und das machte mich zusätzlich wütend. Als er schließlich ins Haus kam und mir einen Kuss geben wollte, schrie ich ihn erneut an: „Lass mich in Ruhe!"

Und als er mich in Ruhe ließ, weinte ich, weil er mich nicht in den Arm genommen hatte.

Den Rest des Abends brauchte ich, um mich – nachdem die Kinder zu Bett gebracht waren und Stille ins Haus einkehrte – langsam wieder zu beruhigen. Wie der Abendhimmel sich von einem feurigen Glühen über ein zartes Blau bis hin zu einer pechschwarzen Nacht wandelte, so kühlte sich auch meine Wut ab und wich erst einer tiefen Traurigkeit und später einem Gefühl dunkelster Verzweiflung. Schweigend ging ich zu Steve, setzte mich neben ihn aufs Sofa und legte meinen Kopf in seinen Schoß. Er legte seine Zeitschrift beiseite und streichelte mir durchs Haar.

Lange zögerte ich, bevor ich sprach: „Ich kann das Kind nicht abtreiben, Steve. Aber vielleicht könnte ich mich mit einer Adoption abfinden."

Er sagte nichts und streichelte nur weiter mein Haar.

„Vielleicht wäre es ja gut, Jon und Barb das Kind anzuvertrauen. Für die beiden wäre das sicher ein wunderbares Geschenk Gottes."

Er blieb stumm.

„Ich glaube nicht, dass es mir etwas ausmachen würde, das Kind bei ihnen zu sehen."

Er massierte meine Schultern.

„Ich weiß, sie wären gute Eltern."

Ich stellte mir vor, wie glücklich unsere Freunde über ein Kind wären – über ein Neugeborenes. Sie könnten mit mir zu den Vorsorgeuntersuchungen gehen. Vielleicht könnten sie ja sogar die Geburt miterleben. Sie könnten dem Baby einen Namen geben. Ich stellte mir ihre Freude beim Anblick des neugeborenen Kindes vor.

Steve nahm die Zeitschrift in die eine Hand und ließ die andere auf meinem Rücken ruhen; ich blieb so regungslos wie die Gefühle in meinem Innern.

„Es ist die richtige Entscheidung", beschloss ich gerade so, als habe er an meiner Zwiesprache teilgenommen.

Doch in dieser Nacht träumte ich, dass ich bei der Geburt beinahe gestorben wäre und am Ende nicht einmal mehr den Namen und das Geschlecht des Kindes wusste, das ich zur Welt gebracht hatte.

※

Ich rief Jon und Barb am nächsten Tag nicht an. Auch nicht in der nächsten Woche. Und auch die Schwangerschaft hielt ich nicht geheim. Ich erzählte den Leuten diese Neuigkeit mit der gleichen Ruhe, mit der ich ihnen

verkündet hätte, dass Chad die Masern hat. Eben eine dieser Sachen, die passieren. Mir war bewusst, dass die anderen von mir denken mussten, ich würde meine Gefühle *verdrängen*, um Maryanns Analyse zu zitieren – und möglicherweise tat ich das diesmal auch. Ganz ohne Zweifel war ich nicht an dem interessiert, was sich in meinem Körper abspielte, und auch an das Kind wollte ich nicht denken. So ignorierte ich Maryanns Bitte, doch einen Vorsorgetermin zu vereinbaren.

Eine der Karten, die ich bekam, lautete: *Wir hoffen und beten, dass dieses Kind von Steve ist.* Diese Hoffnung machte ich mir nicht.

Auf einer anderen Karte stand: *Wir haben uns sehr darüber gefreut, dass ihr beschlossen habt, das Kind zu behalten.* Mir war nicht so klar, ob wir das wirklich entschieden hatten.

Weder Steve noch ich holten die Weihnachtsdekoration heraus.

Beim Gemeindecafé nach dem Gottesdienst sagte jemand zu mir: „In dieser Gemeinde werden einfach zu viele intime Dinge ausgeplaudert. Gibt es denn keine Geheimnisse mehr?"

Vielleicht wollte sie mich kompromittieren, weil ich mich nicht an ihrer Schulter ausweinte.

Doch statt mich zu ärgern, stimmte ich ihr zu: „Ja, ich hätte nicht allen davon erzählen sollen."

Die Antwort war ihr sichtlich peinlich und so murmelte sie irgendetwas wie sie brauche noch einen Kaffee und zog ab. Ich ließ die Kinder in der Kinderbetreuung und setzte mich ins verschneite Auto, um auf Steve zu warten.

Maryann stellte mich eines Morgens im Hauskreis zur Rede. Wir trafen uns bei ihr zu Hause. Im Hintergrund spielte Weihnachtsmusik. Ein großer Baum war mit roten und weißen Lichtern und Seidenschleifchen dekoriert.

Wir knabberten selbst gebackenes Weihnachtsgebäck mit grünen und roten Streuseln.

„Ich muss leider feststellen, dass du nicht sehr gut auf dich achtest, Heather", meinte sie. „Aber bitte kümmere dich wenigstens um das Baby."

Ich fand es überraschend und beängstigend, wie plötzlich meine Stimmungen schwankten – eben noch ganz ruhig, plötzlich voller Zorn. Ich wäre ihr am liebsten ins Gesicht gesprungen und hätte sie beschimpft, mir die falschen Medikamente gegeben zu haben oder mich in dem Glauben gewiegt zu haben, Ovral könne alle meine Probleme lösen. Aber dann wäre sie wahrscheinlich so verrückt gewesen, mich zu beglückwünschen, weil ich endlich mal meine Gefühle herausgelassen hätte. Also zuckte ich nur mit den Achseln.

„Außerdem sind drei Monate um und dein HIV-Test ist fällig", belehrte sie mich.

Das wusste ich. Ich hatte mir den Tag zwar nicht im Kalender angestrichen, aber ich sah ihn mit der Wucht einer dampfenden Lokomotive herannahen, die auf einen Menschen zurast, der an die Gleise gefesselt ist. Ich zuckte wieder mit den Achseln und wechselte das Thema. Als das Hauskreistreffen beendet war, verkündete ich den Frauen, ich bräuchte etwas Abstand.

„Trefft euch in nächster Zeit ohne mich!", meinte ich, als sie mich nach dem Grund fragten.

Ich holte Chad und Simon aus dem Spielzimmer, packte sie in ihre Schneeanzüge und blinzelte in die weiße Winterlandschaft hinaus.

„Bis dann!", rief ich emotionslos, als wir alle in unseren Hondas, Volvos und Jeeps verschwanden. Doch in meiner Wut über Maryanns bevormundende Art hatte ich bereits einen Plan geschmiedet.

✳

Noch in derselben Woche brachte ich die Kinder zu einer Tagesmutter und fuhr die gefährlichen Straßen zum *County Health Department,* dem für uns zuständigen Gesundheitsamt. Ein eiskalter Wind trieb mich in das Gebäude, das ich eigentlich lieber nicht betreten wollte. Drinnen angekommen zog ich meine Kostümjacke aus und legte sie mir über den Arm. *Niemand wird mich verächtlich anschauen*, sagte ich mir, um mir Mut zu machen, und ging kurz entschlossen zum Informationsschalter.

„Wohin muss ich mich wegen eines HIV-Tests wenden?", fragte ich so beiläufig wie möglich. Vielleicht hätte ich mich stärker gefühlt, wenn ich wie Julie Andrews in dem Musical *The Sound of Music* herausgeschrien hätte: „Ich bin voller Selbstvertrauen!"

Ich ignorierte den vielsagenden Blick der jungen Frau und folgte der Richtung ihres Fingers zu einem kleinen Raum auf der rechten Seite des Ganges. Ich öffnete die schwere Tür und spürte die prüfenden Blicke der dort Anwesenden. Die Patienten waren durch eine Glasscheibe vom Personal getrennt. Ich kritzelte meinen Namen auf das Anmeldeformular und warf es in die Box mit der Aufschrift: HIV-Test. Dann setzte ich mich auf einen der Plastikstühle, die vor einem an der Decke befestigten Fernsehschirm standen. Um das Programm verfolgen zu können, musste ich mir den Hals verrenken.

Auf dem Bildschirm sah man eine Jugendliche, die sehr traurig aussah und sich ihren deutlich schwangeren Bauch hielt. Dann wechselte das Bild zu einem Patienten, der an Aids erkrankt war und im Sterben lag.

„Das könnten Sie sein", lautete die unausgesprochene Botschaft.

„Keinen Sex ohne Kondom!", ermahnten uns die Schauspieler. „Tauscht Injektionsnadeln nicht untereinander aus!"

Ich ertrug es mit arrogantem Desinteresse. Schließlich war ich weder eine Nutte noch ein Junkie.

Nach einer Weile wagte ich einen Blick auf die Nutten und Junkies in diesem Raum. Sie starrten den Bildschirm an oder steckten den Kopf in eine Zeitschrift. Eine junge Mutter von vielleicht 16 Jahren klopfte ihrem zweijährigen Kind alle paar Minuten auf die Finger und wies es dabei harsch zurecht. Sie war hübsch, sah aber übermüdet aus. Ein Mann in zerlumpten Klamotten zuckte zum Rhythmus der Rapmusik, die ihm in den Ohren dröhnte, vor sich hin und starrte dabei ins Leere. Eine Frau meines Alters, die etwa im neunten Monat schwanger war, hatte sich in ihrem Stuhl zurückgelehnt und die Hand auf ihren Bauch gelegt.

Ich strich mein Kostüm glatt und zupfte meine Haare zurecht. Ich war viel zu fein angezogen und kam mir blöd vor.

Als mein Name aufgerufen wurde, dachte ich an Flucht, doch dann stand ich erhobenen Hauptes auf. Ich ging lächelnd auf die wartende Krankenschwester zu und grüßte sie mit dem gleichen schulmeisterlichen Ton, mit dem ich meine Kindergottesdienstbesucher zu begrüßen pflegte. Sie führte mich in eine kleine, durch einen Vorhang von der Allgemeinheit abgetrennte Behandlungsnische.

„Hatten Sie Gelegenheit, den Film zu sehen, meine Liebe?", fragte sie in demselben Ton, den ich ihr gegenüber benutzt hatte.

Halb nickte ich, halb zuckte ich mit den Achseln.

„Falls sie zu abgelenkt waren, macht das nichts. Ich hab hier den gleichen Film noch mal für Sie."

„Ich hab ihn mir angeschaut", antwortete ich schnell.

„Gut. Sie müssen mir einen kleinen Fragebogen ausfüllen, damit wir sicher sein können, dass Sie alles Wesentliche über Aids verstanden haben." Sie reichte mir den Bogen. „Falls Sie den Film doch noch einmal anschauen müssen, um die Fragen beantworten zu können, lassen Sie es mich wissen. Andernfalls rufen Sie mich einfach, sobald Sie fertig sind."

„Okay." Ich brauchte fünf Minuten für die Beantwortung der Fragen. Die Schwester setzte sich mit verschränkten Beinen vor mich und hielt das Blatt so, dass wir beide hineinsehen konnten. Sie las jede Frage und jede meiner Antworten laut vor. Sie lobte mich betont, wenn ich Fragen richtig beantwortet hatte, und machte freundlich ein paar Ergänzungen, wo ich ungenau geantwortet hatte. Das ging etwa fünf Minuten gut, dann platzte mir der Kragen.

„Entschuldigen Sie!", sagte ich, verschränkte meine lackierten Finger und legte die Hände in den Schoß. „Ich finde es ja toll, dass Sie Ihre Patienten so wunderbar aufklären, aber bei mir sind diese Informationen überflüssig. Könnten wir nicht einfach mit dem Test anfangen?"

Sie legte ihre Hand auf mein Knie und lächelte freundlich. „Was Sie da sagen, meine Liebe, passt nicht ganz zusammen. Sie wollen einen HIV-Test, aber die Übertragungswege von Aids zu kennen, ist für Sie überflüssig?"

Ich nickte. „Mein Mann ist mein einziger Sexualpartner und ich nehme auch keine Drogen. Könnten wir jetzt bitte diesen Test machen?"

Sie zog die Augenbrauen hoch.

Ich seufzte schwer und blickte aus dem Fenster. „Ich wurde vergewaltigt, okay? Bitte, lassen Sie uns das Ganze hinter uns bringen."

Sie sagte so lange nichts, bis ich sie wieder anschaute.

„Ich bin nicht hier, um über Sie zu urteilen, meine Liebe", säuselte sie und ich konnte spüren, dass sie mir nicht glaubte. „Ich bin hier, um zu helfen. Vom Gesetz her bin ich dazu verpflichtet, diesen Fragebogen mit Ihnen durchzugehen, und wir sind ja auch schon fast durch. Danach machen wir dann gleich den Bluttest."

Ich ließ den Rest ihres Vortrags beleidigt über mich ergehen. Und sie blieb weiterhin betont freundlich.

Ich unterschrieb die Formulare, die sie mir reichte. Routiniert nahm sie mir Blut ab.

„Sie bekommen die Ergebnisse in einer Woche ..."

„In einer Woche?"

„Ja. Bitte vereinbaren Sie für nächsten Dienstag einen Termin, dann bekommen Sie das Resultat."

„Kann ich nicht einfach anrufen?"

„Nein, wir besprechen die Ergebnisse mit den Patienten grundsätzlich nur hier in der Sprechstunde. Am besten bringen Sie Ihren Mann oder eine gute Freundin mit. Falls der Test positiv ausfällt, werden Sie emotionale Unterstützung brauchen."

Ich nickte.

„Das macht einen demütig, nicht wahr ...", meinte sie, während wir uns erhoben und zur Tür gingen, „... zu wissen, wie zerbrechlich wir alle sind, egal, wie bedeutend oder unbedeutend wir sind."

Ich verließ das Wartezimmer – vorbei an den Nutten und Junkies. Die hübsche junge Mutter lächelte mir zu. In einer Woche würde ich wieder hier bei ihnen sitzen – als eine von ihnen und ebenso zerbrechlich wie sie.

✳

Am selben Abend erzählte ich Steve, dass ich den Test hatte machen lassen. Er fragte nicht nach, warum ich deswegen nicht zu Maryann gegangen war. Er fragte mich jedoch, wann ich vorhatte, mit Jon und Barb Adams zu sprechen.

Als ich mit den Achseln zuckte, meinte er: „Du gehst alleine zum *County Health Department*, um einen Aids-Test machen zu lassen, aber du schaffst es nicht, bei Jon und Barb anzurufen?"

Wieder zuckte ich mit den Achseln.

„Du stellst dich mutig vor die ganze Gemeinde und sagst allen, was passiert ist, aber unsere besten Freunde kannst du nicht anrufen?"

Habe ich jemals behauptet, ich sei logisch?, hätte ich ihm am liebsten gesagt. Doch am anderen Morgen bat ich Steve, für mich anzurufen.

„Frag du sie bitte, ob sie sich das *vorstellen* könnten!", sagte ich. „Mach aber noch nichts fest! Vielleicht finden sie es ja abwegig, mit der Mutter ihres Kindes befreundet zu sein. Ich möchte nicht, dass das unsere Freundschaft zerstört. Und es ist ja auch noch nicht entschieden, was *wir* wollen."

Ich verfolgte Steves Anteil an dem Telefonat, konnte aber nicht sagen, wie Jon auf den Vorschlag reagierte, dass „doch vielleicht ihr das Baby adoptieren könntet".

Als ich ihn fragte, wie sie geklungen hätten, meinte er: „Vermutlich begeistert."

Vor ihrem Besuch putzte ich das Haus aufs Penibelste. Ich räumte sämtliche Regale aus und wischte die Regalböden ab; stellte die Möbel um und wusch die Sofakissen, lüftete die Betten und räumte die Kleiderschränke auf. Mir war zwar bewusst, dass der Zustand unserer Kleiderschränke unseren Freunden völlig egal war – sie hatten schon unser schmutziges Geschirr gesehen, mich wegen meiner

Wäscheberge geneckt und den Schimmel auf unserer sauren Sahne entdeckt. Aber diesmal hätte ich kaum nervöser sein können, wenn sich der Papst persönlich bei uns angekündigt hätte.

Als Barb zur Tür hereinkam, konnte sie ihre Aufregung kaum verbergen, obwohl sie es versuchte. Sie sah so aus, wie ich mir oft auf dem Tennisplatz vorkam: Bloß die Freude über den eigenen Sieg nicht zeigen, weil man weiß, dass er auf Kosten des anderen errungen wurde. Ich spürte, wie mühsam sie ihre Freude zügelte, und das brach mir das Herz. In diesem Moment hätte ich ihr alles gegeben, nur damit sie die Freiheit besitzen konnte, diese Freude hinauszulassen. Ich kannte ja ihre tiefste Sehnsucht, und nun lag es in meiner Hand, ihr die Möglichkeit zu geben, ihren größten Traum zu verwirklichen. Wir umarmten uns, als hätten wir uns jahrelang nicht gesehen, obwohl wir erst vor ein paar Wochen um ihren Esstisch gesessen und Domino gespielt hatten.

Und so sagte ich nichts, als Jon nach dieser herzlichen Begrüßung meinte: „Leute, ich bin mir sicher, dass dies eine Antwort auf unser Gebet ist. Ihr könnt euch gar nicht vorstellen, wie dankbar wir dafür sind."

Und ich fügte auch Steves Antwort nichts hinzu, als er sagte: „Das ist wohl die Antwort auf unser aller Probleme."

Verkrampft lächelte ich mich durch den Abend hindurch. Ich saß wie verzaubert daneben, geradeso als würde ich einer Herde Rehe beim fröhlichen Tollen auf einer Lichtung zuschauen. Ich hatte Angst, diese beinahe greifbare Freude wieder aus meinem Wohnzimmer zu verscheuchen – und so wagte ich nicht zu sagen, wie sehr mir in diesem Moment bewusst wurde, was ich verlieren würde.

Doch als einige Stunden später das fröhliche Lachen auf unserer Veranda verhallte und unsere Freunde in ihren vorgeheizten Wagen stiegen, als ich die Tür schloss und das

leise Geräusch der Luft in der Türdichtung vernahm, als ich mein gezwungenes Lächeln ablegte und sich meine Wangen entkrampften – lehnte ich mich schwer gegen die Wand neben der Haustür und starrte zum Fenster hinaus.

Vom Dach der Veranda hingen herrliche Eiszapfen herab und im frischen Schnee sah ich die Fußspuren unserer Freunde. Ich nahm mir vor, nicht zu heulen. Aber mit der gleichen Klarheit, mit der ich all das wahrnahm, sah ich auch in Gedanken mein Kind in ihren Armen. Und ich sah, wie mein Kind in ihren Armen fortgetragen wurde – weit weg von mir.

Meine Gefühle hatten mich wieder einmal gesucht und gefunden.

Verbindung
wieder hergestellt

Es war unser erster richtiger Kuss
seit der Vergewaltigung.

Einen Trost verschaffte die Schwangerschaft mir wenigstens: Ich war abgelenkt. Du nahmst in meinen Gedanken nicht mehr Raum ein, als eine lästige Mücke einen Soldaten beschäftigt, der mitten in der Schlacht steht.

Etwas so Simples wie mich auf den Beinen zu halten, wurde mir in dem Augenblick zu viel, als die Rücklichter des Wagens von Jon und Barb um die nächste Straßenecke verschwanden. Ich sank zu Boden.

Steve war gerade mit dem schmutzigen Geschirr auf dem Weg in die Küche und nahm mein Dahinsinken nur aus dem Augenwinkel wahr.

„Sollte eine alte Dame wie du nicht längst im Bett sein?", rief er mir zu. „Wie willst du bloß die Party bei unseren Nachbarn überstehen?"

Ich antwortete nicht.

„Heather, geht es dir gut?", fragte er in einem Tonfall, der immer noch etwas Scherzhaftes an sich hatte. Ich hörte das Klappern des Geschirrs.

Mir war bewusst, dass mein Mann seit meinem panischen Anruf vor sechs Monaten nicht mehr so vergnügt gewesen war. Ich blickte auf und lächelte, als er aus der Küche kam. Doch es war nur ein Schatten von einem Lächeln und Steve durchschaute mich sofort.

„He, Schatz!", sagte er sanft. Er kam zu mir und setzte sich neben mich auf den Boden. Ich ließ mir seine kräftige Umarmung gefallen und versuchte, selbst stark zu sein. „Habe ich dir jemals gesagt, was für eine erstaunliche Frau du bist?", flüsterte er lächelnd.

Ich vergrub mein Gesicht in seiner Brust und dachte zurück an den Tag, an dem ich diesen tollen Mann kennen gelernt hatte, der nun so bereitwillig diesen schweren Weg mit mir ging.

*

Ich hatte damals gerade mit dem College begonnen. Bonnie, mit der ich das Apartment teilte, nahm mich auf einen Einkaufsbummel mit.

„Du hast so einen knackigen Arsch, aber du versteckst ihn unter all diesen altbackenen Klamotten", hatte sie eines Tages bemerkt, während ich vor dem Spiegel stand und mich beklagte, ich hätte nichts Gescheites zum Anziehen. „Schnapp dir dein Geld und komm!"

Sie besaß damals schon ein Auto und so klapperten wir einige günstige Geschäfte ab und kehrten dann mit unserer Beute in unser Wohnheim zurück.

„Zieh die neue Jeans an!", forderte sie mich auf. „Ich will dich vorzeigen."

Ich fühlte mich großartig und alberte herum, während wir zu einem anderen Wohnheim auf dem Campus gingen, wo einige von Bonnies Freundinnen wohnten. Doch als ich den hübschen jungen Mann mit den freundlichen braunen Augen hinter der Empfangstheke im anderen Wohnheim erblickte, verstummte ich plötzlich.

Bonnie bemerkte natürlich sofort, was vor sich ging.

„He, Steve!", rief sie ihm zu. „Könntest du dich um diese junge Dame kümmern, während ich mal schnell zu Bob raufgehe, um eine CD zu holen?" Sie kniff mir in den Arm und presste zwischen den Zähnen hervor: „Red mit ihm! Er ist echt nett." Dann verschwand sie im Treppenhaus, steckte aber gleich noch einmal den Kopf durch die Tür und zwinkerte uns zu: „Sie hat sich gerade neue Klamotten gekauft. Sieht sie nicht klasse aus?"

Und so kam es, dass ich mich vor Steve im Kreis drehte, um ihm mein neues Outfit zu zeigen, noch ehe er über-

haupt meinen Namen kannte. Ich wurde rot und so fing unsere Beziehung an.

Das Gespräch, das dort in der Lobby des Wohnheims begann, setzte sich in Bonnies Zimmer fort und dauerte noch bis tief in die Nacht. Wir waren zu mehreren, lümmelten auf Bonnies Sofa mit dem grauenhaften Blumenmuster herum, verschlangen Pizza, hörten Musik und führten philosophische Gespräche.

Bonnie und einige meiner anderen Freundinnen waren da, doch ich hatte nur Augen für Steve. Wir sprachen über alles, von der Legalisierung von Drogen bis hin zu Kierkegaards Ansichten über Bildung. Wir flirteten ein wenig und Steve versuchte, mich zu überreden, nach meinem Hochschulabschluss in diesem großartigen Land – den USA – zu bleiben, statt wieder in die Niederlande zurückzukehren (als ob eine Entscheidung darüber unmittelbar bevorstand). Wir warfen uns Essen und Kissen zu, vermieden es allerdings, einander zu berühren.

Der Zapfenstreich war längst vorbei, als Steve sich schließlich anschickte zu gehen. Er verabschiedete sich zuerst von Bonnie: „Das wird ein weiteres herrliches Studienjahr werden, das sehe ich schon kommen. Und ich freue mich zu sehen, dass dein Geschmack bei der Auswahl deiner Freundinnen nicht gelitten hat." Er schaute mich mit einem anerkennenden Blick an. „Die Neuen sind selten so klug wie diese Zugereiste, die du da aufgetrieben hast."

Er zwinkerte mir zu und ging.

„Er ist in dich verliebt, Heather", meinte Bonnie.

„Nein, ist er nicht", kicherte ich, „oder etwa doch?"

„Und wie! Wenn ich alles zusammennehme, was dieser Junge im letzten Jahr gesagt hat, ist das immer noch weniger als das, was er an diesem einen Abend von sich gegeben hat. Der ist ganz verrückt nach dir."

Am nächsten Morgen fand ich einen Zettel an meiner Tür: *Habe gehört, du hättest im Schlaf von mir gesprochen. SG*

Einen Tag später begegneten wir uns in der Cafeteria und er fragte mich, ob ich nicht Lust hätte, mit ihm auszugehen.

Bonnie zerrte mich wieder auf eine Shopping-Tour. „Er ist bald mit dem Studium fertig, Heather." Als ob das allein ein Grund gewesen wäre, meine letzten Ersparnisse aufzubrauchen. „Er sieht einfach toll aus." Ich zögerte immer noch. „Beim letzten Mal hat es auch gewirkt ..."

Damit hatte sie mich überzeugt.

Steve hielt während der Kinovorführung meine Hand. Mir gefiel die Art, wie unsere verschränkten Finger miteinander kommunizierten. Beim Dinner in einem idyllischen Restaurant in Easttown entdeckten wir viele Gemeinsamkeiten und beim anschließenden Dessert in einer Eisdiele ein paar Blocks entfernt lachten wir viel miteinander. Es war nicht meine erste Verabredung gewesen und so wusste ich, dass er den Abschied gerne noch etwas hinausgezögert hätte, nachdem er den Motor seines Wagens vor unserem Wohnheim abgeschaltet hatte. Schon in der High School hatte es mir immer Spaß gemacht, noch so lange im Auto zu plaudern, bis sämtliche Scheiben beschlagen waren – und so war es wohl kaum meine christliche Erziehung, die mich an diesem Tag dazu bewog, ohne ein Wort aus dem Auto zu flüchten. Ich rannte davon, weil ich genau wusste, dass ich den Mann fürs Leben gefunden hatte. Ich hatte Angst, alles kaputtzumachen.

Am nächsten Tag rief ich ihn an, dankte ihm für den schönen Abend und entschuldigte mich dafür, dass ich so plötzlich davongelaufen war – und er lud mich zu einer weiteren Verabredung ein.

Diesmal lief ich nicht davon.

Danach verbrachten Steve und ich all unsere freie Zeit miteinander. Wir lernten gemeinsam im Keller unseres Wohnheims, in dem andere Studenten Tischtennis spielten oder Fernsehen schauten. Wir sahen uns gute Filme an (zum Beispiel *Dr. Schiwago)*, die von der Studentenvertretung vorgeführt wurden, und blieben auch zu den anschließenden Diskussionsrunden. Wir trafen uns zum Lunch in der Cafeteria und für die Hausaufgaben in der Bibliothek. Wir gingen gemeinsam zu den Gottesdiensten, die auf dem Campus angeboten wurden, und tranken anschließend Tee. Wir hingen in seinem Apartment ab, während sich seine Mitbewohner über die Raumtemperatur, die anstehenden Dienste, die Besitzverhältnisse der Lebensmittel im Kühlschrank oder die Nutzung des Fernsehers stritten.

„Ich hasse Mathe!", erklärte ich an einem sonnigen Wintertag, als wir gerade das Gebäude verließen, in dem mein Algebra-Unterricht stattfand. Es klang wie eine große Offenbarung. „Ich krieg das einfach nicht hin!"

Eigentlich war ich gewohnt, dass mir alles gelang, was ich mir in den Kopf gesetzt hatte.

Steve – der als Mathematikstudent mein Nachhilfelehrer geworden war – nickte zustimmend: „Ja, Mathe hat's in sich."

„Was mache ich nur, wenn du weg bist?", fragte ich vorwurfsvoll und traurig zugleich. Er hatte sich für ein Auslandssemester in Spanien beworben, lange bevor wir uns kennengelernt hatten; trotzdem gefiel es mir nicht, dass er ging.

„Mit diesem Kurs bist du doch fertig, bevor ich gehe", meinte er und legte beruhigend den Arm um mich. „Und danach wirst du dein Leben lang keinen Mathekurs mehr belegen."

„Und du schreibst mir jeden Tag einen Brief und schickst mir Bilder von dir und hältst dich von all den hübschen Spanierinnen fern, die dich dazu verführen wollen, nie mehr zu deiner großen Liebe zurückzukehren."

„Oh, Baby!", sagte er grinsend. „Natürlich schick ich dir Briefe und Fotos."

Ich hatte ihn am Wickel.

Steve hatte zwei Tage vor seiner Abreise nach Spanien Geburtstag. Ich inszenierte eine aufwändige Schatzsuche für ihn – ließ ihn Notizen bei Professoren holen, die er nicht leiden konnte, und Bücher in der Bibliothek suchen, von deren Existenz die meisten Studenten überhaupt nichts wussten, und ich schickte ihn zu Mädchen, die so hübsch waren, dass er niemals gewagt hätte, sie anzusprechen. Schließlich erreichte er die an einem Fluss gelegene Hütte eines Bekannten. Dort hatte ich ein raffiniertes Festessen für ihn vorbereitet.

Steve und ich hatten zuvor vereinbart, nicht „bis zum Äußersten" zu gehen, und wir wussten nur zu gut, dass wir diesen Vorsatz brechen würden, wenn wir nach dem Essen noch allzu lange in der Hütte verweilten. „Flieht vor der Versuchung!", ermahnt uns die Bibel. Wir sollen ihr also nicht nur widerstehen.

Doch unsere gemeinsame Zeit wurde knapp. Und so blieben wir.

Ich frage mich, ob unser Leben anders verlaufen wäre, wenn wir nicht geblieben wären. Ich hätte nicht mit der geheimen Angst zu kämpfen gehabt, dass möglicherweise ein Tumor oder ein anderes Leiden für meine Brustschmerzen verantwortlich war. Ich hätte nicht vor der jungen Ärztin im *Medical Center* der Uni geweint, als sie – die später meine Freundin werden sollte – mir vorsichtig beibrachte, ich sei schwanger. Ich hätte Steve nicht jenseits des großen Teichs anrufen müssen, um ihm zu verkünden, dass er Papa

werden würde. Ich hätte mich nicht am Telefon verlobt. Ich hätte meinen Eltern nicht das Herz gebrochen, als ich ihnen beichten musste, dass ihr kleines Mädchen Dummheiten gemacht hatte. Ich hätte nicht allein im Wohnzimmer meiner zukünftigen Schwiegereltern gesessen und mich schuldig gefühlt, während sie zwischen Ärger und Freude hin und her schwankten.

Aber andererseits hätte Steve seine Aufmerksamkeit sonst vielleicht den tollen Spanierinnen gewidmet und nicht den Kinderwagen, die sie vor sich her schoben. („Ich kann kaum glauben, wie viele Babys es hier gibt", meinte er während eines unserer Ferngespräche. „Es wimmelt nur so davon.") Wir hätten uns vielleicht nie darüber unterhalten, wie viele Kinder wir wollten, wofür wir unser Geld ausgaben, welche Rolle der Glaube in unserem Leben spielte, wie wir unsere Kinder erziehen wollten und wie unsere Hochzeit aussehen sollte. Und wir hätten unser Baby nicht in den Armen gehalten – dieses vollkommene, wunderschöne Kind, das aus sorglosen Studenten hingebungsvolle Eltern machte.

Und ich hätte mich niemals dort auf dem Fußboden des Wohnzimmers an meinen Mann klammern können, um zu erfahren, wie tief die Liebe reicht, wenn Schicksalsschläge Menschen verbinden.

✳

„Du sahst heute Abend glücklich aus", meinte mein Ehemann. „Bist du denn nicht glücklich?"

Ich seufzte. „Ich weiß nicht, wie ich mich fühlen soll. Ich möchte Jon und Barb helfen und ich möchte, dass sich unsere Probleme lösen. Ich habe wirklich gedacht, das ist die Lösung."

„Aber du bringst es nicht übers Herz, nicht wahr?"

„Tut mir leid, dass ich so durcheinander bin."

„Du möchtest das Kind behalten, nicht wahr?"

„Ich weiß es nicht." Ich nickte mit dem Kopf in Richtung Tür. „Ich weiß nur eines: Als ich Jon und Barb dort aus der Tür gehen sah, wurde mir auf einmal bewusst, wie ich mich fühlen werde, wenn jemand mit meinem Baby im Arm fortgeht." Ich fing an zu schluchzen.

Steve blieb einen Augenblick lang still, doch ich spürte, wie seine starken Hände meinen Nacken massierten. „Mit unserem Baby", sagte Steve ruhig.

Ich schaute ihn an.

„Es ist *unser* Baby", sagte er. „Wenn wir es behalten wollen, sollten wir anfangen, so von ihm zu sprechen."

„Was sagst du da?", fragte ich zaghaft.

„Ich habe darüber nachgedacht, wie viel Leid das alles mit sich gebracht hat – für dich, für mich, für andere. Und dann wurde mir bewusst, dass das Kind nichts für das Verbrechen kann. Das Baby ist unschuldig. Warum sollten wir unserer Tochter Leid zufügen, indem wir sie von ihrer Mutter trennen?"

„Oder unserem Sohn."

Steve legte seine Hand auf meinen Bauch, der sich inzwischen schon ein wenig nach vorne wölbte. „Glaubst du, du kannst dieses Baby lieben, Heather?"

Ich nickte mit dem Kopf. „Ich denke, das tue ich bereits." Meine Hand traf die seine und mir gefiel die Art, wie unsere verschränkten Finger miteinander kommunizierten. „Kannst du es denn wirklich lieben?", fragte ich zurück.

„Wenn sie dir nur ein bisschen ähnlich ist, dann ja", meinte Steve und zog mein Gesicht zu sich heran, bis unsere Lippen sich berührten.

Es war unser erster richtiger Kuss seit der Vergewaltigung und wir sehnten uns beide danach. Ich freute mich an

der Berührung unserer Lippen, ohne an die verletzenden Berührungen meines Vergewaltigers zu denken, ohne den Intentionen meines Mannes zu misstrauen und ohne die Angst, möglicherweise eine Krankheit zu übertragen. Und Steve freute sich über meine neu erwachende Leidenschaft.

Wir waren gerade soweit, dass wir vor Vergnügen zu kichern anfingen, als Simons schriller Schrei ertönte.

„Aah", stöhnte Steve, als ich mich erhob, um mich den Bedürfnissen unseres lautstarken Kleinkindes zuzuwenden. „Scheint alles wieder so zu sein wie früher."

Ich grinste, denn mir war die Rückkehr zum Normalzustand fast noch wichtiger als der Sex.

✳

Am nächsten Tag rief Steve bei Jon und Barb Adams an.

„Ähm, Jon", zögerte er. Ich saß unruhig neben ihm am Küchentisch. „Hör mal, hast du 'ne Minute Zeit für mich? ... Ja, weißt du, das ist genau das, worüber ich mit dir reden wollte. Ich denke, ihr solltet wegen der Adoption noch keinen Anwalt anrufen. ... Nein, das ist es nicht. Heather und ich haben uns noch mal unterhalten. Hör zu, wir haben uns entschlossen, das Kind zu behalten. ... Ich weiß, wir hätten nicht ..." Steve schaute mich an und schüttelte den Kopf. Es lief nicht gut. „Ich weiß. Es tut uns auch schrecklich leid. Aber wir können nicht anders. ... Okay, das verstehe ich. Bitte ruft uns an, wenn ihr soweit seid!"

„Glaubst du, sie werden uns jemals vergeben können?", fragte ich, nachdem Steve aufgelegt hatte.

„Ich weiß es nicht." Er sah richtig schlecht aus. Jon war sein bester Freund.

„Wir wollten ihnen nicht wehtun."

„Ich weiß. Es schien die richtige Entscheidung zu sein."

Auch bei schweren Entscheidungen kann man ein gutes Gefühl haben, wenn man weiß, dass man das Richtige tut. Wir hatten kein gutes Gefühl dabei: Die dritte Möglichkeit stellte sich als Irrweg heraus.

Wir begriffen nicht, was für ein schwerer Schlag das für unsere Freunde war, bis wir am nächsten Sonntag erfuhren, dass Barb und Jon beschlossen hatten, die Gemeinde zu wechseln. Sie konnten unsere Nähe nicht ertragen; hielten nicht aus zuzusehen, wie wir das Kind großzogen, das sie im Geiste schon adoptiert hatten.

„Ihr wart vor uns in dieser Gemeinde", sagte ich Barb in einem Telefongespräch, das sie nicht führen wollte. „Wir werden gehen, damit ihr bleiben könnt."

Dieses Angebot zu machen, kostete mich alles – die Menschen in der Gemeinde waren unsere Rettung gewesen; sie zu verlieren, ging über meine Kräfte. Aber wir hatten unsere Freunde verraten und dieser Schmerz lastete schwer auf uns. Ich wollte es wieder gutmachen, konnte aber keine Zugeständnisse machen. Außerdem brauchten sie in ihrer Not den Leib Christi ebenso sehr, wie wir ihn noch vor kurzem gebraucht hatten.

Doch mein Angebot machte Barb nur noch wütender. „Nein!", fauchte sie. „Ihr bleibt! Alle würden es uns übel nehmen, wenn wir euch vertreiben würden." In ihrer Stimme schwang unverhohlene Ablehnung mit.

„Das stimmt doch nicht, Barb", antwortete ich. Doch sie wies meine Worte mit der Vehemenz zweier gleich gepolter Kompassnadeln ab. Ich war traurig und dachte zurück an unseren letzten Besuch bei ihnen. Da hatten sie sich geweigert, das Geld für die Pizza anzunehmen, die wir gemeinsam bestellt hatten. Und so wie diese

20 Dollar unangetastet zwischen uns auf dem Küchentresen gelegen hatten, würde auch die Gemeinde in der *Sherman Street* keinem von uns nützen: Steve und ich würden die Gemeinde ebenso verlassen müssen wie sie.

Pastor Mark tat sein Bestes, um uns zu versöhnen. Er bemühte sich, allen Bedürfnissen gerecht zu werden und beide Familien in der Gemeinde zu halten. Aber es hatte keinen Sinn: Barb und Jon hatten ihren wundesten Punkt vor uns entblößt und wir hatten die Wunde noch tiefer aufgerissen. Nur die Vergebung konnte beide Familien wieder vereinen.

So verließen wir die Gemeinde.

Aber die Gemeinde verließ uns nicht.

✳

Maryann war eine der Ersten, die anrief. „Du hast eine öffentliche Erklärung abgegeben, Heather", sagte sie wütend. „Du sagtest, dass dieser Angriff nicht nur gegen dich gerichtet war, sondern gegen die ganze Gemeinde. Das solltest du nicht vergessen."

„Ich erinnere mich daran", versicherte ich ihr.

„Warum verlasst ihr uns dann? Du hast nicht das Recht, die Gemeinde zu verlassen – geschweige denn deinen Hauskreis –, nicht nach allem, was wir gemeinsam durchgestanden haben."

„Ich darf die Gemeinde nicht verlassen?" Ihre Worte rauschten in mein Denken wie Helium in einen Ballon, doch Maryann interpretierte meine Erleichterung als Rebellion.

„Nein, Heather, das darfst du nicht! Und du darfst auch das Baby nicht länger vernachlässigen! Vielleicht hältst du mich jetzt für …"

„Maryann", unterbrach ich sie, „ich habe gestern mit deiner Sprechstundenhilfe einen Termin vereinbart."

„Was?"

„Gleich nächsten Montag bin ich da."

„Was?"

„Ich komme zur Vorsorgeuntersuchung."

„Machst du Witze! Ich meine, das freut mich natürlich. Wie …?"

„Wir werden das Baby behalten, weißt du."

Sie lachte ein wenig. „Das weiß doch jeder, Heather. Und wir sind alle stolz auf dich."

„Alle wissen davon?" Eine gute Gemeinde ist wie ein Dorf – da gibt es keine Geheimnisse.

„Natürlich", meinte Maryann. „Wir haben alle mit dir gelitten, als du vor dieser Entscheidung standest. Ich denke, dein Entschluss ist sehr mutig, und ich denke auch, Jon und Barb werden darüber hinwegkommen."

„Oh!"

„Du musst auch den nächsten HIV-Test machen lassen."

„Nein. Ich weiß nicht, warum ich so was Dummes getan habe, aber ich war bereits beim *Health Department* und habe den Test dort machen lassen. Tut mir leid, dass ich so blöd war."

An allen Ecken und Enden entschuldigte ich mich, ohne dass es jemand von mir verlangt hätte.

„Und?", fragte Maryann.

„Ich hätte schon vor Wochen wiederkommen sollen, um das Resultat zu erfahren."

„Und das hast du nicht gemacht?"

„Oh, Maryann, ich kann mich einfach nicht überwinden, noch einmal dahin zu gehen."

„Das kann ich dir nicht verübeln. Es ist schwer, das allein durchzustehen. Ich werde die Resultate hierher

schicken lassen. Könntest du heute in der Praxis vorbei-
schauen, um das Freigabeformular zu unterschreiben? Wir
können es dann dorthin faxen."

Sie konnte gar nicht ahnen, wie froh ich war, mich
wieder in ihren guten Händen zu wissen.

„Das wäre toll!", sagte ich. „Ich muss allerdings die Kinder mitbringen. Auf das Ergebnis kann ich dann nicht warten."

„Es wird gut ausfallen, Heather. Es wird gut ausfallen."

Ich glaubte ihr schon beinahe.

✳

Tasha war eine weitere Freundin, die mich nicht so einfach
aus der gemeindlichen Gemeinschaft fliehen ließ.

„Kleines", sagte sie zu mir am selben Nachmittag, „ich
glaube, du nimmst deine Freunde nur als Vorwand, um von
der Gemeinde wegzugehen."

„Warum sollte ich von der Gemeinde wegwollen?"

„Weil jeder dort deine Geschichte kennt."

„Und?"

„Und damit willst du nichts mehr zu tun haben."

„Nein", antwortete ich. „Meistens liegst du richtig,
aber dieses Mal nicht. Ich muss mich damit auseinander-
setzen, ob ich nun in der *Sherman Street Church* bleibe oder
nicht."

„Nun, ich hoffe nur, du bist damit durch, bevor das Baby
zur Welt kommt. Du weißt ja, dass du es hier bei uns taufen
lassen musst. Dieses Baby gehört uns allen."

„Ja, und außerdem, wie sollen wir den Leuten erklären,
dass wir ein gemischtrassiges Kind haben, wenn wir nicht
in der *Sherman Street Church* bleiben?"

„Das wirst du für den Rest deines Lebens erklären müssen, Kleines. Aber du kannst es erhobenen Hauptes sagen – vergiss das nie!"

Nicht alle Kommentare waren so aufbauend wie die von Maryann und Tasha.

„Was, wenn es ein Junge ist?", fragte mich jemand. „Er wird zu einem jungen Farbigen heranwachsen."

Die Frau, die diese profunde Wahrheit von sich gab, hatte gehört, dass wir uns entschlossen hatten, die Gemeinde zu verlassen, und fragte nach, ob es uns denn gut ginge. Aber sie redete ohne zuzuhören.

„Jon und Barb wären wunderbare Eltern gewesen", meinte ein anderes Gemeindeglied. „Warum habt ihr eure Meinung geändert?"

„Weißt du, das wird ein Quälgeist werden, Heather. Willst du dir das wirklich aufhalsen?"

Solche Kommentare aus dem Mund von Bekannten und Freunden machten mich sprachlos.

„Ist ihr klar, dass sie von einem Kind spricht, das ebenso sehr zu mir gehört wie Chad und Simon?", fragte ich Steve, nachdem wir die Kinder ins Bett gepackt und es uns im Wohnzimmer gemütlich gemacht hatten. „Warum glaubt sie, dieses Kind würde ein Quälgeist werden?"

„Ich glaube, die Leute merken manchmal gar nicht, wie rassistisch, hochmütig und unsensibel ihre Kommentare sind", antwortete Steve. „Manchmal frage ich mich, was ich wohl früher an unnützen Dingen von mir gegeben habe."

„Ja. Nun, ich bin froh, dass Tasha und Maryann da sind. Sonst würde ich durchdrehen", sinnierte ich. „Aber du tust mir leid. Mit wem kannst du reden, wo es doch gerade um deinen besten Freund geht?"

Steve nickte. „Ja, im Moment würde mir eine Runde Billard mit Jon gut tun", antwortete er.

Unser Gespräch wurde vom Telefon unterbrochen.

„Heather!", hörte ich Maryanns sanfte Stimme. „Ich habe deine Resultate bekommen. Ich wollte mit dem Anruf nicht bis morgen warten."

Bestimmung oder Schicksal

Glaubst du wirklich, Gott wollte, dass wir hier leben? Warum denn? Damit du vergewaltigt wirst? Wenn das so ist, dann ist Gott ein Idiot.

Manchmal frage ich mich, ob sie dich wegen irgendeines anderen Vergehens drangekriegt haben. Vielleicht weißt du ja ebenso gut wie ich, was es heißt, sechs Monate auf sein Urteil zu warten – nicht zu wissen, ob man in der Todeszelle landet oder nicht.

Ich legte den Hörer auf und lächelte meinen Mann an. Mit ruhiger Stimme, die kaum ahnen ließ, welcher Sturm in meinem Innern tobte, sagte ich: „Das war Maryann – sie hat gute Nachrichten gebracht."

Steve brauchte einen Augenblick, doch als er schließlich begriff, worum es ging, stürmte er auf mich zu, zog mich an sich und rief: „Oh, Heather! Oh, Heather! Gott sei Dank!"

Ich lachte nur. Ich warf meinen Kopf nach hinten und lachte, bis mir der Bauch wehtat. Ich war frei. Ich war am Leben. Meine größte Angst erwies sich als überflüssig. Der Ausdruck *Gott sei Dank* war viel zu wenig.

Steve freute sich mit mir, dann fanden sich unsere Lippen.

„Wir haben also die ganze Zeit umsonst abgewartet!", murmelte er glücklich.

Wir unterbrachen unseren Kuss nicht einmal, um die Treppe hinaufzugehen. Wir benahmen uns wie frisch Vermählte, die keinen Augenblick länger warten wollen. Kein Kleinkind kam diesmal dazwischen, keine ärztlichen Anweisungen störten uns in unserer Ausgelassenheit.

Was störte, war die Erinnerung an den Biergeruch.

Ich löste mich von meinem Mann. Er öffnete überrascht die Augen.

„Tut mir leid, Steve", sagte ich und meinte es auch so. „Ich will es. Ich liebe dich. Aber ich kann einfach nicht."

Steve nickte, rollte sich zur Seite und blieb neben mir liegen. „Ich verstehe", sagte er.

Er drückte sogar meine Hand. Aber er konnte es unmöglich verstanden haben. Er hatte ohne Klage sechs Monate gewartet, nur um jetzt zu hören, dass er noch länger warten sollte.

Ich wandte mich ab und schloss die Augen. Er stand auf und ging wieder hinunter.

Gott, sagte ich schweigend, *der Todeszelle bin ich entronnen, aber frei bin ich noch nicht. Bitte, bitte, lass es besser mit mir werden.*

✳

Am nächsten Morgen wurde ich von der Türklingel geweckt. Steve lag neben mir und schlief noch fest.

Ich warf mir den Morgenmantel über und ging hinunter. Dershawn stand vor der Tür und presste seine Nase gegen das Glas. Ich öffnete einen Spalt und funkelte ihn an: „Dershawn, es ist halb sieben. Ich hatte dir gesagt, du sollst nicht vor acht zu uns kommen."

„Ich kann die Uhr nicht lesen und Mama schläft noch."

„Hättest du nicht einfach fernsehen können oder so?"

„Nein. Im Wohnzimmer schlafen welche. Außerdem hab ich Hunger."

Ich spürte die kühle Luft in meinem Gesicht. Samstagmorgens hat die Stadt etwas so Friedliches an sich verglichen mit dem unruhigen Treiben des Nachtlebens ein paar Stunden zuvor. Doch für Dershawn spielte es keine Rolle, dass die saubere Morgenluft das Versprechen in sich barg, die Geister der Nacht zu verscheuchen. Er stand da und zitterte vor Kälte.

Ich machte die Tür weiter auf: „Na gut, komm rein. Du kannst was zu essen haben, aber dann leg ich mich wieder ins Bett. Das ist mir zu früh für samstags."

„Danke, Miss Heather. Ich werd auch ganz brav sein."

Ich drückte ihn kurz an mich. „So frühmorgens bei anderen Leuten zu klingeln ist nicht gerade brav. Aber ich hab dich trotzdem lieb. Nimm dir Müsli und Milch und schau dir ein Video an, bis die Jungs aufwachen, okay?"

Dershawn eilte in die Küche und ich ging wieder hinauf.

„Wer war das?", fragte Steve, ohne den Kopf aus dem Kissen zu heben.

„Rate mal!" Ich sank aufs Bett und registrierte erfreut, dass es noch warm war.

„Ich dachte, du hattest ihm gesagt, dass er nicht vor acht kommen darf."

„Na ja, er hat halt Hunger." Ich zog mir die Decke über die Ohren.

„War denn von der Party letzte Nacht nichts mehr übrig?"

„Das bezweifle ich. Nicht bei all den verfressenen Gästen. Dolores' Küchenschränke sind vermutlich wieder mal leer gefegt."

„Wie kann man nur so blöd sein?"

„Ja, das ist dumm. Aber warum soll Dershawn darunter leiden?"

Wir schwiegen einen Augenblick lang und ich döste vor mich hin.

„Ich hasse es, hier zu leben", sagte Steve, kurz bevor ich völlig weggedämmert war.

„Ah, ja?", brachte ich gerade noch hervor.

Steve hob seinen Kopf aus dem Kissen. Ich hielt die Augen geschlossen. „Ja, das tue ich", bekräftigte er. „Es war dumm von uns, hierzubleiben."

„Nein. Das war es nicht", murmelte ich.

„Oh, doch. Ich bin es leid, andere Kinder vor den Verbrechen ihrer Eltern zu schützen."

Meine Hand glitt über meinen Bauch und ich öffnete die Augen. „Was sagst du da?"

„Ich sage gar nichts – außer, dass ich es leid bin, abends bei lauter Musik einzuschlafen und morgens von ungezogenen Kindern geweckt zu werden."

„Dershawn ist nicht ungezogen." Ich schloss die Augen wieder.

„Ich weiß gar nicht, warum ich all diesem Gerede geglaubt habe, dass Gott uns hierhaben will und so."

„Weil es stimmt?"

„Das ist Blödsinn!", meinte Steve. „Gott ist es egal, ob wir hierbleiben und uns fragen, wie man diesem Viertel helfen kann oder nicht. Ihm ist alles egal, was wir tun."

„Oh, Mann!", gab ich von mir, „da wirst du einmal von der Klingel geweckt und schon existiert Gott nicht mehr."

„Na, denk doch mal drüber nach!"

„Nein. Du benimmst dich kindisch. Schlaf weiter!"

Ich rollte mich zur Seite. Steve setzte sich auf.

„Ich bin nicht kindisch", protestierte er. „Vielleicht bin ich endlich bei klarem Verstand."

Ich erwiderte nichts.

„Heather, denk doch einmal einen Moment darüber nach!"

„Es ist noch zu früh, Steve."

„Du findest dich viel zu schnell mit all diesem Scheiß ab, der uns passiert ist. Glaubst du wirklich, Gott wollte, dass wir hier leben? Warum denn? Damit du vergewaltigt wirst? Wenn das so ist, dann ist Gott ein Idiot."

Ich seufzte und legte mein Kissen hochkant gegen das Bettende, damit ich neben meinem Mann sitzen konnte.

„Ja, ich glaube immer noch, dass Gott uns berufen hat, hier zu leben."

„Also glaubst du, dass Gott ein Idiot ist?"

„Steve!"

„*Ich* glaube nicht, dass Gott ein Idiot ist", erwiderte Steve. „Ich glaube nicht, dass er dich vergewaltigen ließ. Ich glaube nur einfach, dass er sich nicht besonders um die Dinge kümmert, die hier unten vor sich gehen."

„Du bist also plötzlich Deist geworden?" Ich schüttelte erstaunt den Kopf. Ich konnte kaum glauben, dass dieses Gespräch wirklich stattfand. Steve war normalerweise der Fels in der Brandung, ich das flatterhafte Vögelchen. Er brachte mich stets auf den Boden der Tatsachen zurück; ich war dafür zuständig, dass er kein Langweiler wurde. Und jetzt war ich es, die unseren traditionellen Glauben verteidigte.

„Ich bin nicht ‚plötzlich Deist geworden'. Ich versuche nur, das Ganze zu verstehen. Das ist doch lächerlich, wenn die Leute Gott um sein Eingreifen bitten. Sie bitten Jesus um einen Parkplatz, und wenn sie einen finden, danken sie ihm dafür. Und wenn nicht, sagen sie, Jesus habe halt gewusst, wie gut ihnen etwas Bewegung täte. Aber ehrlich, mit so einem Mist gibt Jesus sich doch nicht ab. Gott hat die Welt so gemacht, dass alles Nötige vorhanden ist, und jetzt lehnt er sich zurück und überlässt es uns, für uns zu sorgen."

„Gut, und was ist mit Ostern? Hat das etwa gar nicht stattgefunden?"

„Ja. Ich denke, Jesus ist für uns gestorben. Das ist das Einzige, was wir allein nicht regeln konnten."

„Meinst du das alles ernst, Steve?"

Er schwieg.

„Wenn du das ernst meinst, behauptest du damit, dass alles, was geschehen ist, völlig sinnlos war."

Ich hörte unten das Video laufen und hoffte, die Jungs würden davon nicht aufwachen.

„Ist das der einzige Grund, warum du an Gott glaubst?", forderte Steve mich heraus. „Damit das alles einen Sinn hat?"

„Nun, komm schon, Steve. Du kennst meine Antwort."

„Gut, dann sind wir wieder da angelangt, dass Gott ein Idiot ist."

„Nein, wir sind an dem Punkt, dass Gott es so wollte, dass wir hier leben, dass wir unsere Vorurteile gegenüber Farbigen überwinden, dass wir Kontakt zu unseren Nachbarn knüpfen, dass wir Dershawn kennenlernen und dass wir mithelfen, aus diesem Viertel einen Ort zu machen, an dem man leben kann ..."

„Und dass du vergewaltigt wurdest."

„Ich glaube nicht, dass Gott damit irgendetwas zu tun hatte."

„Okay, was gilt denn jetzt? Mischt er sich ein oder mischt er sich nicht ein?"

„Er mischt sich so weit ein, wie wir es zulassen. Er führt uns, aber er zwingt uns zu nichts. Er sagt uns, was wir tun sollen, aber wir entscheiden, ob wir es tun oder nicht. Und das gilt für jeden. Gott hat mich nicht vergewaltigt; dieser Kerl hat mich vergewaltigt."

„Du glaubst das alles, nicht wahr?", meinte Steve.

„Natürlich. Das ist doch nichts Neues. Du hast auch einmal daran geglaubt."

„Ich weiß", seufzte Steve. „Ich glaube noch immer daran. Aber fragst du dich nicht manchmal, ob wir nicht doch falsch liegen?"

Ich sah meine in Leder gebundene Bibel auf dem Nachttisch liegen. Der Einband war zerrissen und in beinahe jeder Seite steckte ein Lesezeichen. Egal, wann ich darin las

oder welches Buch ich auch aufschlug, immer traf mich irgendeine Aussage – ich wurde ermahnt, wenn ich Ermahnung brauchte, und getröstet, wenn ich verzweifelt war, oder gestärkt, wenn ich drauf und dran war aufzugeben, oder aufs Neue überrascht, wenn mich alles langweilte. Ich musste an all die Menschen denken – Familie, Freunde, Bekannte –, die stellvertretend für uns an Gottes Verheißungen geglaubt hatten, als wir selbst diesen Glauben nicht mehr gehabt hatten. Ich musste daran denken, wie mich Gottes Gnade immer wieder neu in Staunen versetzt hatte.

„Nein, ich frage mich nicht, ob wir falsch liegen. Aber manchmal frage ich mich, ob ich den Mut habe, am Christsein festzuhalten", antwortete ich.

„Wie meinst du das?"

„Nun ja, ich denke, der Teufel würde alles tun, um uns davon abzuhalten, so zu leben, wie Gott es von uns will. Und dann frage ich mich, ob so etwas Schlimmes nicht wieder passieren wird."

Steve nickte. „Das könnte schon sein."

„Aber können wir damit leben?"

„Ich weiß nicht. Ich weiß nur, dass es irgendwie dumm von uns wäre, in diesem Haus zu bleiben, wenn wir das Baby behalten wollen."

„Du möchtest wirklich wegziehen?"

„Ja, das will ich."

„Ich auch", sagte ich seufzend. „Manchmal erschrecke ich davor, wie sehr ich mir das wünsche."

„Wirklich? Ich habe nicht damit gerechnet, dass du fortziehen willst."

„Manchmal erschrecke ich davor, wie schnell ich meine Meinung ändern kann." Ich lachte, Steve nicht. „Nein, ich will nicht wegziehen. Ich bin gerne an dem Ort, von dem ich weiß, dass Gott uns dort haben will. Ich mag dieses

Haus. Ich mag die Nachbarn. Ich will nicht weg. Egal, welche Konsequenzen es für uns persönlich hat."

„Okay, was nun? Willst du weg oder nicht? Für eines musst du dich entscheiden."

„Das stimmt so nicht. Ich will beides zugleich."

„Gut. Wenn wir das Baby behalten wollen, werden wir mehr Platz brauchen. Ich denke, wir sollten das Haus wieder zum Verkauf anbieten."

Diesmal wagte ich es, der wichtigeren der beiden Fragen nachzugehen, die Steve gerade eben auf den Tisch gebracht hatte: „*Wenn* wir das Baby behalten wollen? Was heißt das? Besteht die Möglichkeit, dass wir das *nicht* wollen?"

Steve schwieg einen Augenblick lang. Als er schließlich antwortete, seufzte er: „Wir behalten das Baby. Uns bleibt ja auch nichts anderes übrig."

Ich drückte mein Kissen wieder flach und verkündete Steve, dass ich noch etwas schlafen wolle. Ich hatte genug von diesem Gespräch. „Ich brauch noch eine Mütze voll Schlaf, damit ich heute Abend die Party durchstehe", meinte ich. „Du hast sie doch nicht etwa vergessen, oder? Alle werden da sein."

„Wer ist *alle*?"

„Na, du weißt schon: Byron und Maryann. Pam und Alex, Jeff und Dee, Dirk und Mel. Einfach alle."

„Aber nicht Jon und Barb."

„Nein, aber alle anderen. Es ist eine Party zum *St.-Patricks-Day* (irischer Nationalfeiertag). Du musst etwas Grünes anziehen." Ich vergrub meinen Kopf im Kissen und hoffte, noch etwas Schlaf zu bekommen, bevor die Kinder aufwachten.

„Niemand wird etwas Grünes anhaben."

Ich erwiderte nichts, dachte aber bei mir: *Du wirst nichts Grünes anhaben – alle anderen schon.*

„Ich werd heute mal den Makler anrufen", meinte Steve beiläufig.

„Ich schlafe."

Steve stand auf und ging nach unten.

＊

Ich lag eine Weile still da. Da spürte ich, wie sich das Baby bewegte. Zum ersten Mal gestand ich mir dieses zarte Flattern in meinem Bauch ein. Steve jedoch sagte ich nichts davon. Und es war wirklich dieses Flattern – nicht nur ein kleiner Arm, der gegen die Bauchwand gedrückt wurde, weil er nicht fähig war auszuweichen. Dies war ein lebendes Kind.

Ich wünschte, es wäre tot. Ich wurde rot bei dem Gedanken – auch wenn niemand wusste, was mir durch den Kopf ging. *Ich wünschte, es wäre tot, und statt seiner würde ich Caseys Bewegungen in meinem Bauch spüren.*

Noch während mir diese Gedanken kamen, fuhr ich mit der Hand über meinen Bauch und hielt die Luft an, um selbst ganz still zu sein. Als ich schließlich wieder zu atmen wagte, ging auch das Flattern weiter. Ich verfolgte mit meiner Hand die Bewegungen in meinem Innern, bis sie ein paar Minuten später aufhörten.

Die flüchtigen Gedanken, die mir soeben gekommen waren, hatte ich bereits wieder verworfen.

„Guten Morgen, mein Schatz!", flüsterte ich. Ich stand auf und durchwühlte meinen Kleiderschrank, bis ich die Schwangerschaftskleidung ausgegraben hatte.

„Du siehst großartig aus", meinte Steve, als ich mit Simon im Schlepptau die Treppe herunterkam. Vermutlich strahlte ich übers ganze Gesicht. „Ich hab mich schon gefragt, wann du endlich den Versuch aufgibst, dich in

deine normalen Klamotten zu zwängen." Er zwinkerte mir zu und ich lächelte zurück.

Während ich aufräumte und *Cornedbeef* und Sauerkraut für die Gäste sowie einige verträglichere Speisen für mich zubereitete, warf ich hin und wieder einen Blick in den Spiegel oder legte die Hand auf den wachsenden Bauch.

Ich brauchte fast den ganzen Tag für die Vorbereitung der Party. Außerdem musste ich mich um die Kinder kümmern und noch etwas Wäsche waschen. Eine halbe Stunde vor Ankunft der Gäste eilte ich nach oben, um mich schön zu machen.

„Was soll ich nur anziehen?", fragte ich Steve.

„Was Grünes", meinte er und zog sich einen schwarzen Rollkragenpulli über den Kopf.

„Ich hab mich heute in den Schwangerschaftsklamotten recht wohl gefühlt, aber ich weiß nicht, ob ich sie auch anziehen soll, wenn all die Leute da sind."

„Besitzt du denn grüne Schwangerschaftskleidung?"

„Ja", erwiderte ich und hielt eine dunkelgrüne Bluse hoch. „Aber soll ich sie wirklich anziehen?"

„Es tut mir ja leid, dir das sagen zu müssen, mein Schatz", sagte mein Mann und gab mir im Vorbeigehen einen Kuss auf die Backe, „aber du wirst nicht schlanker werden. Also zieh sie besser an!"

Ich hielt mir die Bluse vor den Oberkörper. „Aber es kommt mir so ... ach, ich weiß nicht ... so gewagt vor."

Steve zog die Augenbrauen hoch, sagte jedoch nichts.

„Ich meine ja nur ...", versuchte ich zu erklären. „Das wäre so, als würde ich allen sagen, wie sehr ich mich darüber freue, schwanger zu sein."

„Oder, dass du in deine normalen Sachen einfach nicht mehr hineinpasst", antwortete mein stets logischer Ehemann.

Das Telefon klingelte. Ich warf mir die Bluse über, während ich zum Telefon ging, und sagte voller Überzeugung: „Ich werde sie anziehen."

Tasha war am Apparat.

„Oh, Tasha! Schön, dass du anrufst", sprudelte ich drauflos. „Stell dir vor, ich trage heute Abend zum ersten Mal Schwangerschaftskleidung!"

Ich habe keine Ahnung, wie ich dazu kam zu meinen, dass sie die Bedeutung dieser Mitteilung auf Anhieb erfassen musste. Ich verstehe auch nicht, warum ich ihr nicht erst einmal zugehört habe, statt sie mit meinen Neuigkeiten einzudecken. Sie antwortete mit höflicher Anerkennung und ich fuhr fort.

„Hör mal zu, Tasha! Ich hab jetzt keine Zeit zum Reden. Heut Abend kommen ein paar Freunde zu Besuch und ich sehe noch ziemlich grauenhaft aus. Ich muss mich noch kämmen und schminken. Kann ich dich morgen zurückrufen?"

Ich registrierte das kurze Schweigen nicht, das zwischen uns herrschte, und legte sofort auf, nachdem sie geantwortet hatte: „Ja, in Ordnung."

Meine grüne Bluse trug ich an diesem Abend voller Stolz und die meiste Zeit sprach ich mit meinen Freundinnen über Sodbrennen und Babys.

„Es ist schön, dich so glücklich zu sehen, Heather", flüsterte Maryann mir zu, als wir in der Küche einen Augenblick lang unter uns waren.

„Es tut auch gut, glücklich zu sein", erwiderte ich. „Ich hoffe nur, es nimmt mir keiner übel, dass ich dieses Kind so lieb habe."

„Aber Heather, warum sollte dir das jemand übel nehmen?"

„Ich weiß nicht. Manchmal scheinen die Leute von mir zu erwarten, dass ich todtraurig bin. Vielleicht denken sie

ja, ich nehme das Geschehene nicht ernst genug, nur weil ich mich über das Kind so freue."

„Nee. Da bildest du dir was ein."

„Vielleicht." Ich zuckte mit den Achseln und nahm eine Schüssel mit Brezeln, die in grün gefärbte weiße Schokolade getaucht worden waren. „Aber selbst wenn es stimmt – mir ist es egal. Ich will nicht ewig so verzweifelt sein. Was bringt das schon? Ich bin lieber glücklich."

„Da hast du recht."

In der Tür hielt ich inne. „Ich muss aber zugeben, dass ich schon so meine Bedenken habe. Wenn ich mich über das Kind freue, dann verringere ich damit den Schmerz über das, was ich durchgemacht habe." Ich schaute ihr in die Augen, um ihre Reaktion abzulesen.

Sie schaute mich triumphierend an. „Aha!", sagte sie. „Das siehst du's! Du projizierst deine Gefühle auf andere. Keiner verlangt von dir, dass du traurig bist. Du selbst tust dir das an."

„Vielleicht. Vielleicht ist ja an beidem etwas Wahres dran. Wie auch immer, ich werde diesem Gefühl nicht nachgeben. Es gibt so viel Schönes in meinem Leben. Das will ich alles genießen."

„Ich auch. Und jetzt gib mir ein paar von diesen Brezeln, bevor sich die anderen darauf stürzen."

＊

Am nächsten Tag rief ich nach dem Mittagessen bei Tasha an. Ich wollte sie fragen, wie der Gottesdienst in der *Sherman Street* gewesen war, und ihr von meinem Frust darüber erzählen, dass wir keine Gemeinde finden konnten, die uns zusagte. Sie hob erst spät ab.

„Heather, hör mal zu!", meinte sie, nachdem ich Hallo gesagt hatte. „Mir ist grad nicht danach, mit dir zu reden."

„Was ist los?", fragte ich verständnislos.

„Was los ist? Kleines, begreifst du das denn nicht?"

„Nein, sag's mir!"

„Heather, du brauchst mich nicht."

Ich spürte einen kalten Schauer in meinem Nacken. „Wie meinst du das?"

„Kleines, du bist so mit all deinen weißen Freunden beschäftigt – sobald sie auftauchen, lässt du mich fallen."

„Das stimmt nicht!"

„Oh doch. Und das tut mir weh. Ich werde nicht zulassen, dass du mir weiter so wehtust."

„Tasha, das gestern Abend, das war einfach der verkehrte Moment."

„Denk noch mal drüber nach, Heather!" Das hätte sie mir nicht erst zu sagen brauchen, meine Gedanken rasten ohnehin schon wie wild durcheinander. „Ich selbst habe lange darüber nachgedacht und ich glaube, es ist an der Zeit, dass unsere Wege sich trennen. Zumindest fürs Erste."

Ich sagte nichts. Der kalte Schauer hatte sich von meinem Nacken über meinen ganzen Körper ausgebreitet. *Getrennte Wege?*

„Mach's gut, Heather."

„Tasha, warte!"

Doch sie hatte bereits aufgelegt.

Ich hielt den Hörer in der Hand, bis die Stille einem Piepton wich und dieser wiederum der Stille.

∗

Nach einer Weile ging ich hinaus in den Garten, wo Steve mit den Jungs Fangen spielte. Simon kicherte mit der Freude eines Zweijährigen, als ich mich ihrem Spiel anschloss. Ich genoss seine Zuneigung in diesem Moment besonders. Als die Sonne unterging und die Jungs zu

frieren begannen, gingen wir wieder ins Haus, wo die beiden sich mit Bauklötzen und Lego beschäftigten.

„Lass mich niemals allein, okay?", sagte ich leise zu meinem Gatten, der sich in eine Golfzeitschrift vertieft hatte.

„Daran habe ich keinen einzigen Augenblick gedacht", sagte er, ohne aufzublicken.

Ich kuschelte mich an ihn und schwieg. Er setzte seine Lektüre fort und schaffte einige Seiten, bevor ich ihn erneut unterbrach. „Wie soll ich mit den großen Dingen klarkommen, wenn ich mich bei Kleinigkeiten schon wie ein Baby benehme?"

„Hm?"

Mir war klar, dass er weiterlesen wollte. Ich beherrschte mich noch ein paar Seiten lang, doch dann musste es einfach heraus: „Eigentlich glaube ich ja nicht, dass Ablehnung eine Kleinigkeit ist."

Steve blätterte die Seite um.

„Tasha hat gemeint, wir sollten getrennte Wege gehen." Eine Träne kullerte über mein Gesicht.

Steve schaute mich an.

„Sie meint, ich würde sie fallen lassen, sobald meine anderen Freundinnen auftauchen."

„Das stimmt nicht. Das sieht doch jeder, dass du Tasha mehr magst als die anderen." Er schaute wieder in seine Zeitschrift.

Ich zuckte mit den Achseln. „In gewisser Weise ... Weißt du, ich hab sie auf eine andere Art lieb als die anderen."

„Vielleicht spürt sie das und ist deshalb beleidigt."

„Der Unterschied ist, dass die anderen eine große Gruppe bilden. Es sind *unsere* Freunde. Tasha ist *meine* Freundin."

„Genau das meine ich: Sie ist deine beste Freundin. Mach dir keine Sorgen. Sie kommt darüber hinweg."

Steve wandte sich wieder der Zeitschrift zu und ich mich meinen Gedanken.

„Nein", meinte ich schließlich. Steve hatte vermutlich bereits vergessen, wovon wir gesprochen hatten. „Vielleicht kümmere ich mich wirklich zu viel um die anderen. Tasha mag ich am liebsten, aber mit ihnen unternehme ich mehr. Und ich lade sie auch nie zu unseren Partys ein."

„Hm."

„Sie hält mich für eine Rassistin."

„Das hat sie gesagt?"

„Nun, sie hat gesagt, ich würde mit meinen weißen Freunden mehr Zeit verbringen als mit ihr."

Steve legte endlich die Zeitschrift beiseite. „Oh, Mann. Ich hätte nie gedacht, dass Tasha sich auf dieses Niveau begibt und uns Rassismus vorwirft."

„Wie meinst du das?"

„Ich weiß nicht, aber es kommt mir so vor, als könnten Weiße nie etwas recht machen. Egal, was wir tun – wir sind halt Weiße, und weil wir eine weiße Hautfarbe haben, glauben sie, dass wir nicht verstehen könnten, was es heißt, schwarz zu sein. Ich hätte nie geglaubt, dass Tasha diesen Mist unterschreibt."

„Aber in gewisser Weise stimmt es doch."

„Gut. Es stimmt, dass wir nicht wissen, was es heißt, schwarz zu sein. Aber deshalb zielen wir doch nicht mit allem, was wir tun, darauf ab, Farbige herabzuwürdigen. Wenn ich mich mit jemandem unterhalte, spielt die Hautfarbe für mich doch überhaupt keine Rolle."

„Wir sollten ihre Hautfarbe aber wahrnehmen. Wenn wir nicht sehen, dass sie Farbige sind, nehmen wir sie nicht so an, wie sie sind."

„Wir sollten? So ein Quatsch. Hör mal, ich habe keine Lust, in diesem Ghetto auszuharren, nur um sinnlose

Spielchen zu spielen. Keinem ist dadurch geholfen, dass wir hier wohnen."

Ich wusste nicht, was ich sagen sollte. Seine Worte ergaben einen Sinn, trotzdem hielt ich seine Einstellung für verkehrt. „Ich weiß nicht, wie wir etwas an der Situation verändern, aber Gott hat gewollt, dass wir hier leben."

„Hat gewollt?"

„Und will es immer noch."

„Das hat doch keinen Sinn, Heather. Außerdem haben wir beide Angst hier."

Das stimmte. Steve war genauso schreckhaft geworden wie ich – besonders bei Nacht und sobald das Telefon klingelte.

„Vergiss nicht, dass sie den Kerl vielleicht schon geschnappt haben", meinte ich. „Detective Boers sagte, sie wolle mich dieses Wochenende anrufen und mir sagen, ob er es war."

„Ich bezweifle, dass sie den Kerl haben. Sie konnten ja noch nicht einmal die Telefonanrufe zurückverfolgen. Und selbst, wenn er es ist – hättest du deshalb keine Angst mehr?"

Ich zuckte mit den Achseln. „Es würde schon etwas ausmachen." Wir schwiegen einen Augenblick lang. „Ja, gut. Vielleicht würde es auch nichts ändern", gestand ich ein. „Ein Teil von mir hätte sicher immer noch Angst, dass ein anderer kommen und etwas Ähnliches tun könnte. Aber selbst jetzt, wo er noch frei herumläuft, habe ich nicht wirklich Angst."

Steve warf mir einen zweifelnden Blick zu.

„Wirklich. Ich bin schreckhaft. Ich bin vorsichtig. Und ich möchte auf keinen Fall, dass noch einmal jemand in unser Haus eindringt. Aber an sich bin ich mir sicher, dass uns nichts geschehen wird."

„Das kauf ich dir nicht ab. Heute Morgen hast du dir noch Sorgen gemacht, ob die Testergebnisse auch gut ausfallen werden. Du hast immer noch eine Menge Angst."

„Ach, das war doch dumm von mir. Ich weiß, dass die Tests gut ausfallen werden. Aber selbst wenn ich Aids hätte, würde es uns gut gehen."

„Wenn man Aids hat, geht es einem nicht gut."

„Denk doch mal drüber nach, Steve. Es ist immer noch besser, mit Gott Aids durchzustehen, als gesund zu sein und ohne Gott zu leben. Gott will, dass wir hier leben, und deshalb wird es uns hier gut gehen. Daran glaube ich von ganzem Herzen ..., außer, wenn ich mich gerade mal so dumm benehme wie heute Morgen."

Eine Weile herrschte Schweigen.

„Und trotzdem will ich kein Aids haben", sagte ich leise. „Hast du mich gehört, Herr? Ich will kein Aids haben!"

Das Telefon klingelte. Ich sprang auf, um dranzugehen: „Ich geh ran. Kannst du die Kinder ins Bett bringen?"

Ich hörte die Kinder vor Begeisterung jaulen, als Steve das Abendritual einläutete und die Jungs nach oben in ihr Zimmer scheuchte. (Ich hasste dieses Ritual, musste aber zugeben, dass es funktionierte.)

„Ich hoffe, es macht Ihnen nichts aus, wenn ich am Wochenende anrufe", meinte Detective Boers, „aber wir haben neue Erkenntnisse."

„Das macht überhaupt nichts." Ich zupfte nervös an meinen Haaren herum.

„Hören Sie, das war nicht der Richtige", sagte sie. „Die DNA stimmt nicht überein."

Ich sagte nichts. Ich wagte nicht zu sprechen. Und ich wusste auch nicht, wie ich reagieren sollte: enttäuscht oder erleichtert.

„Tut mir leid für Sie, Heather. Wir werden weiter dranbleiben."

„Ist schon in Ordnung." Ich war froh, dass meine Stimme nicht zitterte. „Eigentlich habe ich so etwas erwartet. Aber danke, dass Sie angerufen haben."

❋

Nachdem ich aufgelegt hatte, setzte ich mich auf das Sofa und wartete auf Steve. Wenig später stand ich wieder auf, doch nicht um Tasha anzurufen und ihr die Neuigkeiten zu erzählen, sondern nur, um den Vorhang zurechtzuzupfen, den ich kürzlich für das Erkerfenster genäht hatte. Ich wollte sicher sein, dass er richtig zugezogen war.

„Es war nicht der Kerl", sagte ich zu Steve, als er einige Zeit später herunterkam und sich aufs Sofa setzte. „Die DNA hat nicht gepasst."

Steve schüttelte den Kopf. „Wir müssen hier raus, Heather", meinte er leise.

„Warum, Steve?", flüsterte ich wütend, um die Kinder nicht zu wecken. „Warum müssen wir hier weg? Ich bin es, die gerade eine ihrer besten Freundinnen verloren hat. Ich bin es, die vergewaltigt wurde. Wenn hier einer den Wunsch haben müsste davonzulaufen, dann ich. Warum …?"

„Es geht nicht nur um dich, Heather. Auch für mich waren die letzten Monate hart." Steves Stimme klang ruhig, aber die Spannung, die zwischen uns lag, war mit Händen zu greifen.

„Natürlich war es das. Aber ich verstehe trotzdem nicht, warum du diese Gegend aufgeben musst. Wir gehören hierher. Wir sind ein Teil dieses Viertels. Und das sind wir nicht von jetzt auf gleich geworden. Wir haben uns hier reininvestiert. Und das hat sich gelohnt. Es gibt in

diesem Viertel Menschen, die uns mögen und die auf uns zählen."

„Das Gleiche könnten wir in einer anderen Gegend auch haben. Warum investieren wir uns nicht in einem sicheren Umfeld?"

Ich warf die Arme in die Luft. „Weil wir hier eine Berufung haben! Ich bin diese Auseinandersetzung so leid." Meinen nächsten Gedanken behielt ich für mich: *Wie wär's, wenn du gehst und ich bleibe.*

Steve sagte ebenfalls nicht, was er in diesem Augenblick dachte. Und wir schauten einander auch nicht in die Augen.

So war ich überrascht, als ich einen Augenblick später Steves Hand auf meiner Schulter spürte. Er zog meine Haare zu einem Pferdeschwanz zusammen und küsste mich am Hals.

„Ich liebe dich, Baby!", sagte er.

Ich drehte mich um und schaute ihn an.

„Ich liebe dich, selbst wenn du wütend bist", sagte er.

Er küsste meine Finger. Ich warf ihm einen misstrauischen Blick zu.

„Ich liebe dich sogar dann noch, wenn du recht hast", sagte er.

Er küsste mich auf die Augenlider.

Ich hob meine Hand, als wäre ich nicht an seinen Zärtlichkeiten interessiert, aber eigentlich hatte ich ihm all seine vermeintlichen und tatsächlichen Schwächen schon längst wieder vergeben.

„Ich bin verrückt nach dir, Heather", sagte Steve mit einem ungewöhnlich verspielten Lächeln. Seine Küsse wanderten meinen Arm hinauf bis zum Hals. „Du bringst Leben in mich."

Schließlich lachte ich laut auf und erwiderte seine Umarmung. „Ich liebe dich auch, verrückter Mann."

Diesmal konnte uns keine Erinnerung an den Biergeruch daran hindern, unserer Liebe Ausdruck zu verleihen. Wir waren wieder eins. In dieser Nacht schlief ich sicher in Steves Armen ein und dachte dabei nur an diesen unglaublichen Mann, der mich trotz allem so sehr liebte.

Als ich ein paar Stunden später aufwachte, lag ein Lächeln auf meinem Gesicht, während ich ins Badezimmer ging.

Doch dieses Lächeln verging augenblicklich, als ich das Blut auf meiner Unterhose und meinen Beinen entdeckte. Instinktiv legte ich die Hand auf meinen Bauch: Ich konnte keinerlei Bewegungen tasten.

„Steve!", rief ich schwach aus dem Badezimmer. „Es ist etwas passiert!" Und dann sagte ich leise zu mir selbst: „Es ist wieder etwas passiert."

Das Baby

„Wir werden unser Kind
nicht verlieren", wiederholte Steve.
Und dann ging er auf seine Knie und
legte beide Hände auf meinen Bauch.
„Wir sind bei dir, Baby", sagte er.
„Es wird alles gut werden."

Der Glaube ist eine Wanderschaft, aber es gibt Momente entlang des Weges, in denen uns eine Wahrheit trifft und unser Sein grundlegend verändert. Ich kann einige solcher prägenden Momente in meinem Leben benennen. Und frage mich, ob du auch ähnliche Momente kennst.

Das ist normal", flüsterte Steve panisch in die mitternächtliche Stille dort in unserem Badezimmer hinein.

„Nein", schüttelte ich den Kopf. „Nein, das glaube ich nicht." Wir starrten uns einen Augenblick lang an. Ich musste daran denken, wie Caseys vollkommene Fingerchen in meiner Hand gelegen hatten.

„Was, wenn wir das Baby verlieren?", krächzte ich. Ich musste an einen meiner Brüder denken, der vor vielen Jahren als Pflegekind in unserer Familie gewesen war. Er hatte eine schwarze Hautfarbe gehabt und es hatte mir immer viel Spaß gemacht, mit meiner Hand durch seine Haare zu fahren. Ich dachte auch an die kleinen gelben Strampler, die ich einen Tag zuvor in einem Geschäft gesehen hatte – ich hatte mir vorgestellt, wie toll sie zu der hellbraunen Haut meines Kindes aussehen würden. Und ich dachte an dieses Flattern, das ich vor einigen Tagen in meinem Bauch wahrgenommen hatte.

Steve nahm meine Hände. „So etwas wird nicht passieren." Er strich mir über die Wange und schob eine meiner blonden Locken hinter mein Ohr. „Wir werden dieses Baby nicht verlieren, okay?"

Ich nickte: „Okay."

„Wir werden unser Kind nicht verlieren", wiederholte Steve. Und dann ging er auf seine Knie und legte beide Hände auf meinen Bauch.

„Wir sind bei dir, Baby", sagte er. „Es wird alles gut werden."

Trotz meiner Tränen musste ich lachen. „Ich freu mich ja, dass du das sagst, aber ich würde diese Worte noch lieber von Maryann hören." Ich drückte seine Hand und fügte hinzu: „Ich will dieses Kind wirklich nicht verlieren."

„Ihr solltet in die Notaufnahme fahren", riet uns Maryann einige Minuten später am Telefon. „Vermutlich ist alles in Ordnung, aber ich würde mich wohler fühlen, wenn ihr die Sache untersuchen lasst. Ruft mich an, sobald ihr etwas Genaueres wisst!"

✳

Steves Eltern kamen, um auf die Kinder aufzupassen, und wir machten uns auf den Weg zum Krankenhaus. Auf der Fahrt überlegten wir uns, welchen Namen wir unserem Kind geben sollten.

„Nennen wir sie doch Andrea", schlug ich vor.

„Es wird ein Junge", meinte Steve. „Aber ich glaube, es ist kein guter Jungenname mehr frei."

„Wie wär's mit Ollie – nach meinem Vater?"

„Und wie wär's mit Harvis – nach meinem Vater?"

Wir lachten.

„Wenn es ein Mädchen wird, könnten wir sie Willie nennen – nach meiner Mutter", sagte ich.

„Nein, nennen wir sie doch Eunice – nach meiner Mutter."

Wieder mussten wir lachen, dann herrschte Schweigen.

„Hast du Angst?", fragte Steve.

„Ja."

„Ich auch. Aber weißt du, eines finde ich richtig cool."

„Was denn?"

„Zu wissen, dass dieses Baby unser Kind ist – das ist cool! Zu spüren, dass ich dieses Kind genauso wenig verlieren möchte wie damals unseren Casey."

„Das finde ich nicht gerade cool." Es war für mich zwar wunderbar zu erkennen, wie sehr ich dieses Kind liebte; aber erkennen zu müssen, dass ich es vielleicht verlieren würde, fand ich nicht toll.

„Heather, alles wird gut. Das glaube ich wirklich."

Ich ließ ihm seine Hoffnung.

Steve setzte mich an der Zufahrt zur Notaufnahme ab und versprach, gleich bei mir zu sein. Es war nicht dasselbe Krankenhaus, zu dem wir sechs Monate zuvor gefahren waren. Wir hatten nie darüber gesprochen, aber für uns beide war klar, dass wir *das* Krankenhaus niemals wieder betreten würden. Dieses hier war kleiner, aber wir verbanden damit keine unguten Erinnerungen. Ich sagte der Schwester, was los war – dass ich im sechsten Monat schwanger war, eine vaginale Blutung hatte und dass meine letzte Schwangerschaft mit einer Fehlgeburt geendet hatte. Kurz nachdem Steve wieder bei mir war, wurde ich aufgerufen.

„Es muss schlimm sein", meinte ich zu Steve.

Ich war noch keine halbe Stunde im Krankenhaus, da wurde ich schon zum Ultraschall gefahren. Ängstlich blickte ich auf den Monitor und suchte nach dem Herzen meines Kindes.

„Da ist es", sagte der technische Assistent, der die Untersuchung vornahm. „Es schlägt kräftig. Können Sie die heftigen Bewegungen spüren? Das Baby ist sehr aktiv."

Steve grinste: „Siehst du, was hab ich dir gesagt."

„Möchten Sie wissen, ob es ein Junge oder ein Mädchen ist?", fragte der Assistent. „Ich könnte das leicht herausfinden."

Steve und ich schauten einander an. Bei den anderen Kindern hatten wir es nicht im Voraus gewusst.

„Ich will es wissen", flüsterte ich aufgeregt.

„Ja, ich auch", grinste Steve. „Gut, beweisen Sie, dass ich noch einmal recht habe: Es ist ein Junge."

„Falsch!", antwortete er einige Augenblicke später. „Es ist ein Mädchen. Ganz eindeutig ein Mädchen."

„Ein Mädchen! Klasse! Wir werden ein kleines Mädchen bekommen!" Ich konnte es kaum glauben.

„Toll! Ein Mädchen", antwortete mein Mann mit dem gleichen Staunen in der Stimme.

Sie hatte noch keinen Namen, aber sie gehörte zu uns.

„Und wie kam es zu der Blutung?", fragte ich wenig später den Arzt. Auch die Überwachung der Herztöne hatte ergeben, dass das spielende Kind in meinem Bauch wohlauf war.

„Das ist schwer zu sagen. Da gibt es mehrere Faktoren: mentaler Stress, körperliche Anstrengung, Sexualverkehr … um nur einige zu nennen. Klingt eine dieser Ursachen plausibel?"

„Alle drei. Aber vermutlich war die letzte ausschlaggebend. Wir haben diese Nacht zum ersten Mal nach sechs Monaten wieder Sexualverkehr gehabt." Den Grund dafür wollte ich nicht erklären.

„Ah, nun, das erklärt alles." Er schien nicht im Geringsten daran interessiert zu sein, wie es zu dieser langen Abstinenz gekommen war. „In der Schwangerschaft sind die Blutgefäße im Muttermund erweitert. Minimale Verletzungen, wie sie beim Verkehr auftreten, können dazu führen, dass kleinere Blutgefäße platzen, und dann kommt es zu dieser vaginalen Blutung."

„Also ist alles in Ordnung?"

„Alles in Ordnung. Trotzdem ist es gut, dass Sie gekommen sind. Bei Blutungen im zweiten oder dritten Schwangerschaftsdrittel ist es immer gut, schwerwiegendere Ursachen wie eine Ablösung der Plazenta auszuschließen."

Ich nickte.

„Dann können wir jetzt gehen?", fragte ich.

„Ich möchte Sie bitten, noch etwa eine Stunde zu bleiben, damit wir prüfen können, ob die Herztöne stabil bleiben. Aber dann können Sie nach Hause und Ihre normalen Aktivitäten wieder aufnehmen."

„Außer Sex", meinte Steve.

„Nein, auch das sollte möglich sein. Ich erwarte nicht, dass Sie beide vor Ablauf der neun Monate noch einmal hier auftauchen werden. Und dann wird es zur Geburt Ihrer Tochter sein."

＊

In der Morgendämmerung kehrten wir nach Hause zurück. Wir gingen sofort zu Bett und erwachten erst, als Simon einige Stunden später auf mich draufkletterte. Ich nahm Simon bei der Hand und wir arbeiteten uns die Treppe hinunter zum Telefon. Ich wollte Maryann anrufen.

„Ich hoffe, ich habe dich nicht geweckt…", begann ich.

„Was redest du da?", fuhr mir Maryann ins Wort. „Ich habe die ganze Zeit am Telefon gewartet. Ist alles in Ordnung?"

Ich schaute zu Simon hinüber, der gerade auf einen Stapel Zeitschriften zukrabbelte. Die Morgensonne strahlte zum Fenster hinein und plötzlich sah ich zwischen dem Bücherregal und der Wand etwas aufblitzen. Ich vergaß Maryann für einen Augenblick und lief hinüber.

„Was ist los, Heather?", hörte ich sie sagen.

Ich lachte. Irgendwie überraschte mich dieser Fund nicht. Es war Steves Ehering. „Ja, es ist alles in Ordnung, Maryann. In ein paar Monaten wird sich ein wunderhübsches kleines Mädchen dieser Familie anschließen."

Es sollten auf den Tag genau drei Monate werden.

*

Steve kam von der Arbeit nach Hause und fand mich auf dem Sofa liegend. Obwohl ich schon im neunten Monat war, kam es nur selten vor, dass ich tagsüber ein Nickerchen machte.

„Oho!", sagte er, ohne den Blick von mir zu wenden, während ihn die Jungs stürmisch begrüßten. Er lächelte.

„Ja", sagte ich ohne ein Lächeln. „Es geht los."

„Wie häufig kommen die Wehen?"

„Noch ziemlich selten. Im Moment fühle ich mich einfach nur elend, aber es ist noch nicht schlimm. Ich denke, morgen früh werden wir deine Eltern rufen."

„Komm, lass uns eine Runde um den Block drehen, damit wir sie früher rufen können", meinte er grinsend.

„Ärgere mich nicht, Steve! Sonst bring ich dich mit diesem Kissen eigenhändig um. Ich könnte leicht auf vorübergehende Unzurechnungsfähigkeit plädieren."

„Nicht auf Notwehr?"

„Das auch noch." Dann stöhnte ich auf: „Oh, wie ich das hasse."

„Warum rufen wir meine Eltern nicht gleich an?", schlug Steve vor.

„Weil es vielleicht noch keine echten Wehen sind. Ich möchte nicht mit falschen Wehen im Krankenhaus antanzen."

„Das sind echte Wehen."

„Woher willst du das wissen?"

„Weil ich dich noch nie mit einem so erbärmlichen Gesichtsausdruck auf dem Sofa liegen sah. Außerdem bist du einen Tag über den Termin. Und bei der gestrigen Untersuchung war dein Muttermund bereits etwas erweitert."

„Na gut, aber wir sollten trotzdem noch ein wenig warten."

„Man sagt, dass es bei jeder Geburt etwas schneller geht, und die beiden letzten Male ging es schon ziemlich schnell."

„Dir kam das vielleicht so vor", erwiderte ich. „Ich will da nicht noch mal durch, Steve."

„Du hast das schon dreimal mitgemacht, Schatz. Du schaffst das auch diesmal!" Er gab mir einen schnellen Kuss auf die Stirn und ging pfeifend zum Telefon. „Ich warne sie schon mal vor."

Die Jungs hatten sich jeder an eines seiner Beine geklammert und hatten ihren Spaß, als Steve sie beim Gehen mitschleifte.

Mir tat Steves Freude gut, aber ich hatte nicht die Kraft, seine Begeisterung zu teilen. Stattdessen schloss ich die Augen und versuchte das Unausweichliche zu leugnen.

Ich überstand die Nacht irgendwie. Steve wachte bald jede Stunde auf und fragte mich, ob es an der Zeit wäre zu gehen. Ich vergeudete mein bisschen Energie nicht darauf, ihm zu antworten. Ich wanderte nur von Raum zu Raum, vergeblich auf der Suche nach Entlastung. Um etwa fünf Uhr morgens nickte ich schließlich, als Steve erneut die Frage stellte. „Ja, es wäre wohl besser, wenn du sie jetzt anrufst."

„Wie lang sind die Abstände zwischen den Wehen?"

„Zwei oder drei Minuten."

„Auweia, warum hast du so lange gewartet, bis du mich geweckt hast?"

„Ich wollte ganz sicher sein."

Steve rief seine Eltern an und ich Maryann.

„Fahr nicht durch jedes Schlagloch!", maulte ich, als Steve eine halbe Stunde später ins Krankenhaus raste.

„Mach ich doch gar nicht."

Ich stöhnte: „Diesmal kann ich die Schuld nicht einmal auf dich schieben, nicht wahr?"

„Tu es ruhig, wenn es dir hilft!" Er grinste mich an, trotzdem wusste ich, dass dieses Angebot ernst gemeint war.

„Warum bist du nur immer so gut gelaunt, wenn ich in den Wehen liege?"

„Ich kann nichts dafür. Wir werden heute ein Kind bekommen", sagte er beinahe vergnügt.

Nachdem eine weitere Wehe vorbeigegangen war, schaute ich Steve an und wagte, meine tiefste Sehnsucht auszusprechen: „Glaubst du, es besteht die geringste Chance, dass das Kind von dir ist?"

„Physisch gesehen, nein." Die Sonne kletterte über den Horizont und Steves Gesicht spiegelte ihren orangegelben Glanz. Er schaute mich an: „Aber du musst dir darüber nicht die geringsten Gedanken machen, Heather. Wir bekommen ein Kind. Das ist alles, was zählt."

„Was werden die Leute im Krankenhaus denken?"

„Wie meinst du das?"

„Na ja, wir sind ein weißes Ehepaar und heraus kommt ein kakaobraunes Kind. Du wirst trotzdem hellauf begeistert sein. Werden sie denken, du wärst so dumm, den Unterschied nicht zu bemerken?"

„Was spielt es schon für eine Rolle, was sie denken?"

„Nun, es wird schon ein bisschen komisch sein."

„Vielleicht sagt Maryann ihnen, was los ist."

Ich nickte. „Ja, ich sollte ihr erlauben, es ihnen zu sagen. Ich will nicht, dass irgendjemand bei der Geburt komisch reagiert."

„Mach dir keine Gedanken über deren Reaktionen! Sie werden komisch reagieren, ob sie es wissen oder nicht. Aber was macht das schon? Es geht sie schließlich nichts an."

Ich erwiderte nichts. Ich versuchte so zu atmen, dass mein Körper sich entspannen konnte – uuuuuuuh uuuuuuuh – und optimal funktionierte. Aber es gelang

mir nicht. Es tat einfach nur weh. „Lass mich nie wieder behaupten, ein Kind zu gebären wäre eine wunderbare Erfahrung. Ich würde lieber allen Widerwärtigkeiten aus Voltaires *Candide* entgegentreten, als auch noch ein einziges Mal Wehen und Geburt durchzumachen."

„Wir sind fast da", meinte Steve. „Konzentrier dich auf deine Atmung!"

Er wollte mich wie vor drei Monaten an der Notaufnahme absetzen, doch ich sagte nur: „Nein, ich kann doch das Stück zum Kreißsaal gehen."

Vermutlich hinderte mich der Schmerz daran einzusehen, dass es manchmal unmöglich ist, das Unabwendbare noch länger aufzuschieben.

„Heather, die Wehen kommen jede Minute. Geh dort rein!"

„Ich weiß. Beeil dich und stell diesen blöden Wagen auf den Parkplatz!"

Steve war inzwischen erfahren genug, um mit einer Frau im Kindbett nicht zu streiten. Er parkte den Wagen. Und er sagte nicht: „Hab ich's dir denn nicht gleich gesagt", als er mich geradezu über den Parkplatz tragen musste.

„Sie bekommt ein Kind!", rief er aufgeregt der nächstbesten Person zu, die uns hinter der Eingangstür begegnete. „Schnell! Sie bekommt ein Kind."

Ich lag auf einer fahrbaren Trage und versuchte mit lauten Uuuuhs und Oooohs durch den Schmerz hindurchzuatmen, während die Schwester, die mich über den Flur schob, freundlich plauderte.

„Sie gehören der Christlich Reformierten Kirche an", meinte sie. Ich hoffe, das hatte sie unseren Papieren entnommen und nicht an unseren ängstlichen Gesichtern abgelesen. „Ich auch", erzählte sie uns. Dann deutete sie auf einen Lautsprecher: „Hören Sie die Musik im Radio." Sie lachte leise: „Es war heute so ruhig hier. Da dachte ich

mir, dass ich einen christlichen Sender einschalten kann, ohne Ärger zu bekommen. Niemand hat sich bis jetzt beklagt."

„Das ist ja toll", meinte Steve. Etwas anderes konnte man darauf wohl auch nicht sagen.

Ich wischte mir einen Schweißtropfen von der Stirn, bevor er mir ins Auge lief.

„Ist Dr. DeHaan schon da?", fragte ich.

„Noch nicht, meine Liebe. „Ich werde mich bis zur Geburt um Sie kümmern. Aber machen Sie sich keine Sorgen: Sie haben meine volle Aufmerksamkeit. Sie sind die Einzige im Kreißsaal."

„Gut, dann möchte ich Ihnen etwas sagen." Ich konnte nur in den Pausen zwischen den Wehen sprechen. „Wir befinden uns in einer besonderen Situation."

Ich schaute Steve an, damit er das Reden übernahm. Die Schwester ließ ihren Blick von mir zu ihm wandern.

Steve schien es unangenehm zu sein und ich bereute, dass ich ihm die Sache zugeschoben hatte. Doch mit der nächsten Wehe verschwand dieses Bedauern. Als sie vorüber war, fuhr ich fort: „Hören Sie, ich muss das sagen, weil es mich sonst bei der Geburt beschäftigen wird. Und ich möchte mir diesen Augenblick nicht verderben lassen."

Ich hielt nur kurz inne, denn ich musste es noch vor der nächsten Wehe herausgebracht haben: „Unser Baby wird vermutlich gemischtrassig sein. Ich bin von einem Schwarzen vergewaltigt worden."

„Oh, meine Liebe", fing sie zu seufzen an.

„Nein", meinte ich hastig. „Damit komme ich klar. Wir freuen uns auf dieses Baby. Ich bitte Sie nur, dafür zu sorgen, dass keiner viel Aufhebens um die Hautfarbe unseres Kindes macht."

Sie schaute mich an, als wolle sie mich streicheln. „Ich verspreche Ihnen, das wird erledigt." Wir wurden

langsamer und sie setzte an, mich in einen der Räume zu schieben. Doch dann hielt sie inne und schob mich wieder auf den Flur. „Nein. Ich werde Sie hier unterbringen. Sie bekommen unser VIP-Zimmer. Niemand hat das mehr verdient als Sie."

Von dem Augenblick an machte ich mir keine Gedanken mehr um die Reaktionen des Personals.

„Dein Muttermund ist vollständig geöffnet, Heather", sagte Maryann nur kurze Zeit später zu mir. Sie hatte nicht auf den Anruf des Krankenhauses gewartet. „Was hast du dir bloß dabei gedacht? Wolltest du das Kind im Wagen zur Welt bringen?" In ihrer Stimme lag nicht der Hauch eines Scherzes.

Ich hätte am liebsten losgeheult. „Ich schaff das nicht noch mal, Maryann."

„Oh doch, du schaffst es", sagte sie nur und machte sich ruhig an die Arbeit. „Du wirst das ganz prima machen."

Steve legte mir eine Decke über meinen zitternden Körper. Ich warf sie ein paar Augenblicke später von mir und stöhnte. Meine Stimme klang so verzweifelt, dass es selbst meinen ärgsten Feind gerührt hätte.

„Willst du diesmal etwas gegen die Schmerzen?", fragte Steve.

„Nein. Es ist ja auch schon fast vorbei, nicht wahr?", sagte ich mit einem flehenden Blick zu Maryann.

Maryann nickte leicht. „Ich glaube nicht, dass du eine Epiduralanästhesie brauchst, aber ich werde dir auf jeden Fall etwas Demerol geben. Du zitterst ja wie Espenlaub." Sie legte eine Hand auf meine Stirn und lächelte mich an: „Bleib ganz ruhig, Heather. ... Schön atmen. ... Du machst das prima. ... Du bist eine starke Frau. ... Du wirst das ganz prima hinkriegen."

Ich bemerkte kaum, wie mir die Schwester die Spritze verabreichte, doch schon bald hörte das Zittern auf.

Steve nahm meine Hand; ich hätte sie ihm um ein Haar zerquetscht.

„Mir ist kalt", sagte ich. Trotzdem schob ich vehement die Decke beiseite, die er mir reichte. „Maryann!", rief ich. „Ich muss pressen!"

Und dann sagte Maryann genau die Worte, die keine Gynäkologin gerne einer Schwangeren sagt, deren Geburtswehen schon so weit fortgeschritten sind, dass sie bereits all ihr gutes Benehmen über Bord geworfen hat: „Noch nicht!"

„Aaah!", jammerte ich. „Ich muss pressen!"

Einige Augenblicke – oder vielleicht auch Jahre – später hörte ich meine Ärztin zur Hebamme sagen: „Gut. Ich denke, sie ist soweit. Heather, du darfst jetzt pressen!"

Steve flüsterte mir ins Ohr: „Heather, schau dir das an!"

Er zeigte auf den Spiegel, den die Schwester zu diesem Zweck aufgestellt hatte. Ich hatte bei keinem meiner anderen Kinder zugesehen, wie sie geboren wurden.

„Ich möchte, dass du das siehst."

Seine Worte klangen so sanft, dass ich sie bei all den Schmerzen leicht hätte überhören können, doch diese untypische Leidenschaft in seiner Stimme ließ mich aufhorchen.

Ich schaute in sein Gesicht und sah, dass seine Augen feucht waren: „Bitte!"

Ich presste und sah den Scheitel meiner Tochter. Plötzlich überkam mich ein Gefühl tiefer Leidenschaft.

„Da ist sie!", flüsterte ich.

Die nächsten fünfzehn Minuten waren ein Feuerwerk aus Lachen und Weinen. Gemeinsam mit meinem Mann beobachtete ich dieses Wunder, das sich vor unseren Augen entfaltete: Kopf, Augen, Mund, Schultern und der Rest dieses vollkommenen, sich windenden Körpers.

„Sie ist da!", verkündete Maryann mit einem unbändigen Lächeln. Dann reichte sie mir mein Baby.

„Ein Mädchen!", sagte Steve weinend. „Es ist wirklich ein Mädchen. Heather, wir haben ein kleines Mädchen bekommen!"

„Rachel Maria Gemmen", säuselte ich dem Kind in meinem Arm zu und vergaß all meine Erschöpfung. „Schön, dich endlich kennenzulernen."

Eine kleine Holländerin

Der erste Gottesdienstbesuch
nach der Vergewaltigung war
emotional sehr hart für mich gewesen,
dieser erste Gottesdienst nach der
Geburt unseres Kindes war
wunderbar.

In meiner Phantasie sah ich dich einmal, wie du auf der An-
klagebank saßest und das Urteil des Richters vernahmst, der
dich zum Tod auf dem elektrischen Stuhl verurteilte, und ein
anderes Mal sah ich dich durch eine dicke Glasscheibe, wie du
diese unfassbare Wirklichkeit der unendlichen Gnade Gottes er-
kanntest. Und ich wünschte mir, dass dein Leben sich radikal
verändert – auf die eine oder auf die andere Weise.

Was, wenn er zurückkommt, um sie zu entführen?",
fragte ich Steve eine Woche später in unserem
Wohnzimmer. Ich starrte in das Gesicht unserer kleinen
Rachel und zweifelte nicht daran, dass ihr biologischer
Vater sich nichts mehr wünschte, als sie bei sich zu ha-
ben.

„Das wird er nicht. Der ist längst weg."

Rachel gähnte und ich lächelte: „Sie hat die Nase meiner
Schwester, findest du nicht auch?"

„Ich finde, sie sieht aus wie du."

„Ja, findest du?", freute ich mich. Ich forschte im Gesicht meiner Tochter nach Merkmalen ihres Vaters. Doch
ich sah nur die Schönheit ihrer weichen dunklen Haut und
ihrer ausdrucksvollen schwarzen Augen. „Ich bin froh, dass
ich sein Gesicht nicht gesehen habe. So weiß ich nicht,
ob sie ihm ähnlich sieht oder nicht. Ich will es gar nicht
wissen."

„Hör auf, über ihn zu reden! Er gehört hier nicht her."

Ich hörte die Jungs im Spielzimmer „Brumm, brumm!"
machen und vernahm das Gurren meiner kleinen Tochter
in meinen Armen. Lauter Geräusche, die mich erkennen
ließen, wie gesegnet ich war. Ich zuckte mit den Achseln.
Mir machte es nichts aus, über den Mann zu reden, der für
mich inzwischen nicht mehr war als der Samenspender des
hübschesten Babys der Welt.

„Reich mir mal die Decke, bitte!", sagte ich zu meinem Mann.

„Wird es dir morgen gut genug gehen, um den Gottesdienst zu besuchen?", fragte er mich, während er die weiche Decke um Rachels kleinen Körper legte.

„Machst du Witze? Ich kann es gar nicht erwarten, sie vorzuzeigen – selbst wenn ich halb tot wäre."

Wir gingen inzwischen wieder in die Gemeinde in der *Sherman Street*. Nach zwei Monaten Pause war es vor allem ein fünfundsechzigjähriger Jamaikaner gewesen, der uns zur Rückkehr bewogen hatte. Vor über zehn Jahren hatte er aus finanzieller Not heraus sein Heimatland verlassen und ihm fehlte seine Familie sehr. Über Jahre hinweg hatte uns dieser Großvater jeden Sonntag mit einem Kuss begrüßt, unseren Kindern ein paar Bonbons zugesteckt und uns daran erinnert, wie sehr wir Gott zu danken hatten. Oft war er nach dem Gottesdienst zum Essen zu uns gekommen und hatte ein paar Äpfel oder etwas Apfelwein von dem Bauernhof mitgebracht, auf dem er arbeitete. An all den Sonntagen, an denen wir nicht erschienen waren, hatte er uns angerufen, uns von der tollen Predigt erzählt und uns gesagt, wie sehr er uns vermisst hatte.

Eines Tages sagte er in seinem gebrochenen Englisch: „Ihr habt angerufen schon Jon und Barb? Gott nicht will, dass der Leib Jesu zerstritten. Ihr müsst finden Weg, zu versöhnen euch und zu kommen in Gemeinde alle zusammen."

Wir schrieben Jon und Barb einen Brief, in dem wir uns bei ihnen dafür entschuldigten, dass wir ihnen so wehgetan hatten, und sie um Vergebung baten. Wir erhielten keine Antwort, aber wir kehrten in den Schoß unserer gemeindlichen Familie zurück.

✳

Der erste Gottesdienstbesuch nach der Vergewaltigung war emotional sehr hart für mich gewesen, aber dieser erste Gottesdienst nach der Geburt unseres Kindes war wunderbar. Wir trafen recht früh ein, weil ich schon damit gerechnet hatte, dass manch einer unser Neugeborenes sehen wollte. Aber nie im Leben hätte ich ahnen können, mit welcher Herzlichkeit dieses jüngste und berühmteste Glied unserer Gemeinde willkommen geheißen wurde.

„Meine Enkelin", sagte unser jamaikanischer Freund zu Tränen gerührt. Seit damals nennt er sie immer so.

„Eine kleine Heather", meinte ein anderer Freund, der oft bis spät in die Nacht bei uns gesessen und mit uns geplaudert hatte und folglich wusste, wovon er sprach. „Nehmt euch in Acht, Leute!"

„Sie ist ein Wunder!", schwärmte ein älterer Herr holländischer Abstammung, dessen ermutigende Worte meiner Seele oft aufgeholfen hatten. Er nahm Rachel aus meinem Arm und stolzierte mit ihr im Gemeindesaal umher wie ein kleiner Junge mit seinem ferngesteuerten Flugzeug.

Neben all den Lobreden über die weichen Locken meines Babys und der Begeisterung über dieses junge Leben, erfuhr ich an diesem Tag auch etwas, das mir große Hoffnung machte.

„Heather", hörte ich eine Frau mittleren Alters zu mir sagen, deren Mann einige Jahre zuvor von einer Leiter gefallen und dabei tödlich verunglückt war. Dieser Verlust hatte ihr Mitgefühl für das Leid anderer jedoch nicht geschmälert. „Ich weiß von ein paar Kindern, die dringend ein neues Zuhause brauchen. Meinst du, Jon und Barb Adams würden auch mehrere Geschwister adoptieren?"

Es handelte sich um zwei Mädchen und einen Jungen im Alter von einem, zwei und drei Jahren, die sofort aufgenommen werden konnten.

„Man sollte sie auf jeden Fall fragen", sagte ich begeistert.

„Ich hatte gar nicht gewusst, dass sie zu einer Adoption bereit waren", fügte sie hinzu. „Es gibt so viele Kinder, die ein neues Zuhause brauchen. Ich bin sicher, es wird sich eine Lösung für sie finden."

„Das hoffe ich auch. Ruf sie doch bitte an! Ich weiß, sie würden sich darüber freuen."

Die Musik aus dem Gottesdienstraum wurde lauter und die letzten Nachzügler schlichen sich herein. Ich blieb mit Rachel im Foyer, wo ich sie in Ruhe stillen konnte, und schloss mich dann Steve und den Jungs an.

An diesem Sonntag predigte unser holländischer Freund. Von seinem Akzent bekam ich Heimweh. Er las die Geschichte, in der Jakob eine ganze Nacht lang mit Gott kämpft und schließlich zu ihm sagt: „Ich lasse dich nicht los, bevor du mich segnest!" (vgl. Genesis 32, 27). Unser Freund legte die Worte so aus: „Lasst nicht zu, dass euer Leid umsonst war. Bittet Gott, euch in euren Lebenskrisen zu segnen, damit ihr daran wachsen könnt."

Ich fühlte mich, als habe er diese Predigt speziell für mich geschrieben, bis ich mich umschaute und die Menschen um mich herum wahrnahm: lauter Männer und Frauen, die durch Gottes Gnade aus ihren Prüfungen gestärkt hervorgegangen waren.

✳

„Wie geht es dir, Heather?", fragte mich eine meiner Freundinnen nach dem Gottesdienst. „Bleibt es dabei, dass ihr zu meinen Schwiegereltern zum Essen kommt?"

Steve hatte diese Einladung zuerst komisch gefunden. „Warum sollten wir zu ihren Schwiegereltern gehen? Wir kennen sie doch überhaupt nicht."

Aber mir gefiel der Gedanke, meine Freundin und ihren Mann in einem ganz anderen Umfeld kennenzulernen. Wir würden das Elternhaus unseres Freundes kennenlernen und die Menschen, die ihn großgezogen hatten.

„Außerdem habe ich gehört, Mrs Vaandering soll ganz ausgezeichnet kochen", meinte ich. „Bestimmt ist es genauso toll wie das Weihnachtsessen meiner Oma."

Und das war es auch. Wir saßen dich gedrängt um den gemütlichen Esstisch, der mit Sets und Stoffservietten und wunderhübschem Porzellan gedeckt war, und aßen Kartoffelbrei mit dicker Soße, Butterbohnen und zartes Roastbeef, das genau auf den Punkt gegart war.

„Ein Prediger mit holländischem Akzent und nun noch ein Mahl, wie es nur die Holländer zubereiten können", schwärmte ich anerkennend.

„Ach, Schatje", staunte Mrs Vaandering, „dann bist du also auch Holländerin?"

„Meine Eltern sind beide Einwanderer." Ich wusste, dass sie das beeindrucken würde. Ich wollte sie gerade mit meinem Wissen über die holländische Lebensart beeindrucken, als Rachel aufwachte und gestillt werden wollte. Ich zog mich ins Wohnzimmer auf eine Couch mit Spitzendeckchen über den Armlehnen zurück. Beim Stillen betrachtete ich die Familienfotos an den Wänden und den Nippes auf dem abgestaubten Klavier, während drüben Mr Vaandering lustige Schwänke aus dem Leben seines Sohnes zum Besten gab.

Gerade als das Dessert herumgereicht wurde, konnte ich mich den anderen wieder anschließen.

„Ich helfe ihr, ihr Bäuerchen zu machen, und du genießt etwas vom Nachtisch, wie wär's?", sagte Mrs Vaandering und nahm mir Rachel ab. Ich willigte gerne ein und schaufelte den knusprigen Apfelkuchen mit einer großzügigen Portion Vanilleeis in mich hinein.

„Noch keine Woche alt, nicht wahr?", sagte sie bewundernd. „Hübsch! Aber ich sehe, sie hat eine leichte Gelbsucht."

Rachel hatte keine Gelbsucht. Ich sagte nichts dazu.

„Du solltest ein Auge darauf haben. Ihre Haut ist so dunkel", meinte Mrs Vaandering und strich zärtlich über Rachels völlig gesundes Bäckchen.

„Mhmm", murmelte ich und warf unserem Freund einen Blick zu. Ihm war es sichtlich peinlich und mir war klar, dass er ihr nichts davon gesagt hatte.

„Na ja, sie sieht einfach nicht nach einer kleinen Holländerin aus, oder?", sagte Mrs Vaandering mit einem Blick zu mir. Ich sah, wie ihr Blick zu Steve wanderte und dann zurück zu dem Baby in ihren Armen. „Nein, ganz und gar nicht wie eine kleine Holländerin."

Sie schaute zu den Jungs hinüber, die ihren Nachtisch verschlungen hatten, und ich sah, wie sie ihre Gesichter musterte, während sie ihnen anbot, im Garten zu spielen. Sie rannten fröhlich nach draußen.

Ich fragte mich einen Augenblick lang, ob ich ihr nicht sagen sollte, warum meine Tochter nicht genauso aussah wie ihre Brüder. Aber ich verwarf die Idee schnell wieder. Es war kein geeignetes Thema für ein Tischgespräch; außerdem wollte ich nicht immer als „das arme Mädchen" angesehen werden, das vergewaltigt worden war. Im Stillen war ich sogar froh darüber, dass unsere Freunde diese Sache keiner Erwähnung für würdig befunden hatten. Ich war für sie eben einfach eine gute Freundin und nicht „das arme Mädchen".

✳

Am Abend erhielt ich einen Anruf von Mrs Vaandering. „Oh, meine Liebe", sagte sie, „es tut mir ja so leid, dass ich

mich heute Nachmittag so dumm angestellt habe. Bitte, verzeih mir. Das war dir sicher peinlich."

Ich dachte zurück an ihren irritierten Blick und musste lachen: „Ja, es war mir peinlich. Aber du brauchst dich nicht dafür zu entschuldigen. Du konntest es ja nicht wissen. Ich sollte mich besser auf solche Situationen vorbereiten. Es wird nicht immer jemand schützend vor mir stehen und den Leuten einflüstern, was sie zu mir sagen dürfen und was nicht."

Ich hatte keine Ahnung, wie recht ich mit meinen Worten haben sollte.

In der Windelabteilung des Lebensmittelgeschäftes schwärmte eine Frau von Rachel und fragte dann, aus welchem Land sie denn stamme.

„Sie wurde hier geboren", antwortete ich nichts ahnend.

„Oh, da haben Sie aber Glück gehabt. Wir mussten ein ausländisches Kind adoptieren, weil wir einfach nicht länger warten wollten. Bei welcher Agentur waren Sie denn?"

Am liebsten hätte ich mich herumgedreht und wäre gegangen. Was sollte ich sagen? Sollte ich ihr erzählen, dass sie nicht adoptiert war, nur um noch mehr Fragen über mich ergehen zu lassen ... oder misstrauisch beäugt zu werden? Sollte ich diese Fremde in dem Glauben lassen, mein Kind sei adoptiert – und dafür vor meinen Kindern zur Lüge greifen ... und mich selbst um die verdiente Frucht der Mutterschaft bringen?

„Hören Sie", sagte ich, „ich würde mich ja gerne noch weiter unterhalten, aber ich hab's ein bisschen eilig."

Einige Zeit später aßen wir Pizza in einem nahe gelegenen Restaurant. Rachel war etwa einen Monat alt. Wir hatten Dershawn mitgenommen.

„He!", strahlte die Bedienung. „Sind das alles Ihre Kinder?"

Ich nahm ihr die Frage nicht übel – wir waren ein ziemlich bunter Haufen. Aber dennoch wurmte es mich.

„Das ist eine lange Geschichte", meinte ich und gab die Bestellung auf.

Rachel war gerade im Kinderwagen eingeschlafen, als ich mit den Jungs den Spielplatz erreichte. Ihr hübsches Gesicht erregte die Aufmerksamkeit einiger farbiger Mütter, die ebenfalls dort waren. Eine gut dreißigjährige Mutter meinte daraufhin: „Was für ein Zuckerpüppchen! Passen Sie für jemand anderen auf das Kind auf?"

„Nein", sagte ich, während ich den Sonnenschutz über meiner Tochter zurechtrückte. „Sie gehört zu mir." In Gedanken fragte ich mich, warum ich jedem dahergelaufenen Fremden solche Fragen beantworten musste. Nach außen hin lächelte ich höflich.

„Schwester", antwortete die Frau, „warum musstest du dir denn ausgerechnet eins von unseren Babys zulegen?" Sie zupfte mich lachend am Arm. Auch ich lachte. Ich wusste nicht, was ich sonst machen sollte.

„Das ist doch ganz klar!", meinte eine andere. „Sie hat sich einen von unseren Männern geangelt." Noch ehe ich antworten – oder besser gesagt, mir eine Antwort überlegen – konnte, fügte sie hinzu: „Und die Jungs – gehören die auch zu Ihnen?"

„Der Älteste nicht", sagte ich und deutete auf Dershawn. „Das ist der Sohn unserer Nachbarin."

„Hm", machte die andere mit einem viel sagenden Grinsen.

Ich hätte mir gewünscht, Tasha wäre da gewesen, um mich zu beschützen.

„Ist schon recht, Schwester", sagte die Erste zu mir. „Keiner macht dir einen Vorwurf, dass du von der Zauberkraft schwarzer Männer genascht hast."

Vielleicht hätte ich manchen dieser Leute einfach die Wahrheit sagen sollen. Möglicherweise hätte sie die Feststellung „Ich wurde vergewaltigt" ins Nachdenken gebracht, sodass sie anderen nicht einfach gedankenlos ihre Fragen und Kommentare vor den Latz knallten. Aber es wussten schon so viele davon. Und es war bereits schwer genug, dass alle unsere Bekannten über meine intimsten Erlebnisse Bescheid wussten. Es hätte einfach meine Kräfte überstiegen, auch noch jedem Fremden, der mir irgendwo begegnete, davon zu erzählen.

✳

Der Einzige, der ein Recht gehabt hätte, Rachels Existenz abzulehnen, tat es nicht. „Lass mich sie nehmen!", meinte Steve eines Nachts, nachdem ich sie gestillt hatte. „Du brauchst etwas Schlaf."

Einige Stunden später wachte ich auf und sah, wie Steve vor dem kleinen Mädchen, das einfach nicht schlafen wollte, Grimassen schnitt. Ich musste beinahe weinen, so sehr rührte mich die Beziehung, die zwischen ihm und unserem Kind gewachsen war.

„Danke, Steve, dass du ein so guter Vater für sie bist!", sagte ich aus vollster Überzeugung.

Steve winkte ab: „Sie ist mein kleines Mädchen. Wie sollte ich mich da anders verhalten? Und jetzt mach, dass du wegkommst, bevor sie nach dir schreit."

Ich ging wieder zu Bett und erwachte erst, als es an der Tür klingelte. Auch die Jungs waren davon wach geworden. Ich ging mit Chad und Simon nach unten, wo Dershawn schon seine Nase gegen die Türverglasung presste. Ich fand Steve und unsere Tochter im Tiefschlaf auf dem Sofa – Rachels kleines Näschen hatte sich tief in Steves Hals vergraben.

„Komm rein", flüsterte ich Dershawn zu. „Aber wir müssen alle ganz leise sein", fügte ich hinzu und deutete auf das schlafende Pärchen auf dem Sofa. Dershawn kicherte.

Dolores kam später vorbei. „Dieser verdammte Vermieter hat mich auf die Straße gesetzt", verkündete sie noch an der Tür. „Kann Dershawn heute Nacht bei euch schlafen?"

„Natürlich", antwortete ich ohne Zögern, „und was ist mit dir? Wir haben genügend Platz."

„Nee. Ich find schon was."

Am nächsten Tag tauchte Dolores wieder auf. „Hab noch nichts gefunden. Kann er noch ein bisschen länger bleiben?"

Ich meinte, das ginge schon, und so ging sie hinaus zum Sportwagen ihres Freundes und holte einen Müllsack aus dem Kofferraum.

„Hier sind seine Sachen", meinte sie und ließ den schweren Sack auf meine Veranda plumpsen. Ihr Freund hupte und Dolores ging, ohne ein Wort mit ihrem Sohn zu sprechen. Ich winkte ihr zum Abschied nach und wandte mich dann vorsichtig dem Sack zu. Darin stank es wie nach einer Woche Campingurlaub.

Ein paar Tage vergingen und noch immer erfuhr ich nicht, wie lange Dershawn denn nun bei uns bleiben würde. Am vierten Tag – ich pflanzte gerade im Garten Blumen – sah ich Dolores auf ein Haus auf der anderen Straßenseite zugehen. Sie kam etwas näher, blieb jedoch auf der anderen Seite. Ich unterbrach meine Arbeit, um sie zu grüßen, doch sie winkte nur und ging weiter.

Dershawn schien sich über seine Zukunft keine Gedanken zu machen. Er hatte seinen Spaß bei uns – wir gingen zum Schwimmen, besuchten den Zoo und machten einen Ausflug an den Strand. Er schlief nachts ruhig und fragte auch nicht nach seiner Mutter, also machte ich mir um ihn keine Sorgen.

Eine Woche später tauchte Dolores wieder bei uns auf. „Ich hab immer noch nichts gefunden, aber ich werd ihm was kaufen. Wo is' er denn?"

„Er spielt hinten im Garten. Ich bring dich zu ihm."

Dolores und Dershawn gingen in den Laden an der Ecke. Dershawn kehrte mit einem breiten Lächeln und einer Tüte Gummibärchen zurück. Dolores war verschwunden, noch ehe ich mit ihr hatte reden können.

„Sie macht mich so wütend", sagte ich nach dem Abendessen zu Steve, während die Kinder draußen spielten. „Es macht mir nichts aus, dass Dershawn hier ist, aber sie sollte uns wenigstens ungefähr sagen, wie lange er noch bei uns bleiben wird. Und sie sollte ihn öfter besuchen kommen."

„Ich hab so das Gefühl, er wird ziemlich lange bleiben."

Ich schaute meinen Mann an und lächelte. Dann beugte ich mich vor und gab ihm einen Kuss: „Du bist ein erstaunlicher Mann."

„Was?"

„Ich beklage mich ständig, dass du nie zeigst, wenn du jemanden liebst. Aber in Wirklichkeit bist du viel liebevoller als die meisten von uns. Bei den meisten Menschen gründet sich die Liebe auf Gefühle, bei dir basiert sie auf Taten."

„Wenn du das so siehst", meinte Steve. Ein paar Minuten später ging er hinaus in die Garage und machte sich an dem Bücherregal zu schaffen, das er für mich bauen wollte.

Noch am gleichen Abend ließ Dershawn die Bombe platzen. Ich war gerade dabei, die Kinder ins Bett zu stecken, als er mir ankündigte: „Ich werde nach Guatemala gehen."

„Guatemala? Wieso das denn?"

„Meine Mama kennt da ein paar Leute, die sich um mich kümmern werden."

„Nun ja, warum willst du denn den weiten Weg nach Guatemala machen, nur damit sich jemand um dich kümmert? Du könntest auch bei uns bleiben."

Ich sah, wie Dershawn langsam den Blick hob und mir in die Augen sah. Er schien die Luft anzuhalten. „Für immer?", fragte er leise.

Es gab in meinem Leben nur zwei Versprechen, die so tief aus meinem Herzen kamen, wie das, was ich jetzt zu diesem Jungen sagte: Das eine hatte ich Gott gegeben und das andere meinem Mann.

„Dershawn", sagte ich und zog ihn zu mir heran, „wenn du und deine Mutter es möchten, darfst du für immer bei uns bleiben."

Dershawn senkte den Kopf und schwieg für einen Augenblick. Schließlich schaute er mich wieder an und sagte: „Warum kann Mama sich denn nicht um mich kümmern?"

Ich wusste so wenig über Dolores. Ich hatte keine Ahnung, welcher Schmerz ihr Leben bestimmte. Aber in diesem Moment war mir das egal. Ich hätte sie am liebsten wachgerüttelt. Ich hätte sie am liebsten angebrüllt: „Sei doch nicht immer so egoistisch! Lass die Finger vom Crack und von deinen Liebesgeschichten und kümmere dich um dein Kind! Wir alle erleben schlimme Dinge, aber wir lassen uns davon nicht unterkriegen! Du kannst es dir nicht leisten, dich so hängen zu lassen, verstanden? Du hast einen Sohn und der braucht dich!"

Aber Dolores war nicht da, um sich meine Predigt anzuhören. Sie hatte sich für einen anderen Weg entschieden.

„Hör mal zu, mein kleiner Schatz!", sagte ich sanft. „Deine Mama liebt dich sehr. Aber sie muss sich erst einmal um sich selbst kümmern, bevor sie für dich sorgen kann. Ich verspreche dir, ich werde für sie beten, und ich weiß auch, dass Gott sie sehr lieb hat. Wenn sie diese Liebe

Gottes erst einmal entdeckt, wird sie sich auch wieder um dich kümmern können, okay?"

„Okay!", antwortete er. „Ich werde auch für sie beten."

Einige Wochen später stand Dolores wieder vor unserer Tür. „Ich kann nicht reinkommen", meinte sie. „Ich hab's eilig. Ich wollt nur mal hören, ob's meinem Jungen gut geht."

„Es geht ihm gut", sagte ich zu ihr, „aber er vermisst dich."

„Ich weiß, aber ich hab noch keine Bleibe."

„Er kann so lange hierbleiben, wie du möchtest, Dolores. Wir haben ihn gern bei uns. Aber wenn du denkst, dass es noch länger dauern wird, sollten wir das Ganze auf eine rechtliche Grundlage stellen. Ich habe die ganze Zeit schon seine Arbeiten und Hausaufgaben unterschrieben. Das geht eigentlich ja nicht so ohne Weiteres."

„Wie meinst du das mit der rechtlichen Grundlage?", fragte sie misstrauisch.

„Ich denke, es wäre gut, wenn Steve und ich als Vormund für Dershawn eingesetzt werden. Und sobald du dein Leben wieder geordnet hast, geht die Vormundschaft an dich zurück. Ich habe nur Sorge, dass wir Ärger bekommen, wenn wir weiter sein Zeug unterschreiben."

„Wird das was kosten?"

„Nein", log ich. Mir war klar, dass wir für die Kosten aufkommen würden. „Du musst nur ein paar Papiere unterzeichen. Ich hab sie bereits da. Hast du einen Moment Zeit, um sie dir durchzulesen?"

Dolores schaute sich die Papiere nicht an, aber sie unterschrieb.

„Gibt es eine Telefonnummer, unter der ich dich erreichen kann, um dir den Termin vor dem Vormundschaftsgericht mitzuteilen?", fragte ich.

„Gericht? Ich geh zu keinem Gericht."

„Wenn du nicht willst, musst du das auch nicht. Wenn du nicht auftauchst, wird das als deine Zustimmung gewertet."

Dolores kniff die Augen zusammen: „Bescheiß mich bloß nicht!", drohte sie und fuchtelte mit dem Zeigefinger vor meinem Gesicht herum.

Ich legte meine guten Manieren ab, um ihr Paroli bieten zu können: „Ich kümmere mich um deinen Sohn, Dolores", sagte ich ruhig, aber bestimmt. „Wenn du mir nicht traust, solltest du ihn nicht bei uns lassen."

Dolores wich zurück: „Nee. Ich trau dir ja."

Ich ging einen Schritt auf sie zu: „Ich möchte nichts lieber, als dass du dein Leben in den Griff bekommst, damit Dershawn seine Mutter wieder hat."

„Mach ich ja, mach ich ja." Sie wandte sich zum Gehen. „Ich hab da gerade was am Laufen." Auf dem Gehweg angekommen, rief sie mir noch ein „Danke!" zu und verschwand dann um die Ecke.

Ich beobachtete Dershawn an diesem Tag besonders aufmerksam, als er von der Schule heimkam. Er erzählte mir voller Begeisterung davon, wie er sich rückwärts von der Wippe geschwungen hatte und dass alle Kinder gesagt hatten, er solle es noch mal machen, und dass der Lehrer schließlich gemeint hätte, er solle lieber zum Turnverein gehen, statt solche Sachen in der Schule zu machen. Ich schaute in das Gesicht dieses kleinen Menschen, der da vor mir stand, und fragte mich, wie es sein konnte, dass seine leiblichen Eltern ihn nicht haben wollten.

Und ich wusste, dass ich um Rachel keine Angst haben musste.

Berge weichen

Ich hatte auch in anderen Situationen
schon alle Hoffnung verloren
und Gott hat trotzdem noch einen
Weg gefunden.

Bist du auf diesen Straßen aufgewachsen? War dieser ständige Rhythmus des Rap die Musik, zu der du meditiert hast? Sind die Straßenecken deine Altäre geworden? Oder ist das der Ort, der dich verzweifeln gelehrt hat – ein Ort, von dem du fliehen möchtest? Für mich war die Stadt weder ein Zuhause noch ein Gefängnis: Sie war ein Weg, den ich gegangen bin.

Würdest du nach Colorado ziehen, Steve?", fragte ich voller Zweifel, nachdem wir das schmutzige Geschirr weggeräumt hatten.

Es war ein schwüler Augustnachmittag und auf den Gehwegen staute sich die Hitze. Die Leute gingen spazieren und winkten einander zu und aus den Hinterhöfen und Gärten roch es nach Grillfleisch. Wir besaßen keine Klimaanlage, deshalb standen unsere Fenster weit offen. Die Stimme unserer vierjährigen Rachel übertönte die ihrer drei großen Brüder beim Toben unter dem Wassersprenger.

„Ich würde sofort umziehen", antwortete Steve, ohne lang zu überlegen.

„Wirklich?"

„Ich würde es tun", beharrte er und schaute von seinem Buch auf.

„Überleg dir genau, was du sagst! Ich habe heute nämlich eine Stelle angeboten bekommen."

Ich arbeitete als Lektorin für Kinderbücher in einem großen christlichen Verlagshaus. Eine frühere Kollegin hatte mich an diesem Tag angerufen, um mir zu sagen, dass sie eine Lektorin suchten und dass sie umgehend eine Antwort von mir bräuchte.

„Meinst du das im Ernst?", fragte Steve. „Wir sollen nach Colorado ziehen?"

„Ja, Colorado Springs. Wir müssten schon nächsten Monat los."

„Dann lass uns packen!"

„Bleib ernst!"

„Ich bin ernst. Und du?"

„Nun, das mit der Stelle klingt ideal, aber es ist ganz schön weit weg."

„Puh!" Er stand auf, holte eine Karte und breitete sie auf dem Esstisch aus. „Colorado Springs! Wir könnten zum Skifahren in die Berge oder sonntagnachmittags zum Wandern – Colorado ist herrlich!"

„Solange es nicht so schwül ist wie hier." Der Deckenventilator lief, aber meine Haut fühlte sich dennoch verschwitzt und klebrig an.

„Kein schwüles Wetter. Keine Schnakenplage."

„Aber auch keine Familie", sagte ich, „und keine Freunde." Ich ließ mich in den Sessel fallen.

„Die Kinder werden älter", meinte Steve. „Es ist nicht so, als würden sie unsere Familien gar nicht kennen. Und wir würden ja auch zu Besuch kommen."

„Weißt du noch, wie wütend ich damals war, als wir frisch verheiratet waren und deine Mutter uns jedes Mal Lebensmittel mitbrachte, wenn sie vorbeikam? Heute wüsste ich nicht mehr, was ich ohne deine Eltern machen würde."

„Sie macht das doch nur noch ganz selten. Wir kämen auch ohne die Familie zurecht."

„Ich meine nicht die Lebensmittel. Ich meine deine Eltern. Und auch von meiner Familie wären wir dann weiter entfernt. Was, wenn wir einsam sind?"

„Wir finden Freunde. Bevor der erste Monat rum ist, hast du wahrscheinlich schon jeden Abend Gäste eingeladen."

„Ich weiß nicht. Ich kann mir nicht vorstellen, dass wir solche Freunde finden wie die, die wir jetzt haben. Denk

doch nur: Maryann und Byron, Tasha, Jon und Barb. All die anderen in der Gemeinde. Wir haben viel miteinander durchgestanden. Ich glaube, solche Freundschaften finden wir kein zweites Mal."

„Wahrscheinlich nicht. Aber es war auch nicht wahrscheinlich, dass Jon und Barb jemals wieder unsere Freunde werden würden. Oder Tasha. Und trotzdem hat sich alles zum Guten gewendet."

✳

Ich staune noch heute darüber, wie sich alles zum Guten gewendet hat. Unsere Freundschaft mit Jon und Barb Adams wurde wiederhergestellt, als wir alle fähig wurden, über unsere eigene Not hinauszublicken und uns um die Verletzungen der anderen zu kümmern. Für Jon und Barb wurde das möglich, nachdem sie die Geschwister adoptiert hatten, von denen mir die Frau aus unserer Gemeinde erzählt hatte. Ihre tiefste Sehnsucht wurde erfüllt und nun hatten sie nicht nur *ein* Kind, sondern gleich drei.

Meine Beziehung zu Tasha heilte nicht so schnell. In der Gemeinde gingen wir einander aus dem Weg – ich hatte Angst, etwas Verkehrtes zu sagen, und sie mied mich, weil ich genau das bereits getan hatte. Als sie in eine andere Stadt zog, verloren wir uns ganz aus den Augen. Einige Jahre später hörte ich dann ihre Stimme am Telefon; sie fragte mich, ob wir nicht wieder Freunde sein wollten, und ich hatte das Gefühl, als würde sie mir einen gläsernen Schuh reichen: Ich war überrascht und erfreut zugleich über dieses Geschenk.

„Ja, alles hat sich zum Guten gewendet", bestätigte ich Steve, „aber nur, weil Gott es möglich gemacht hat."

„Du glaubst also nicht, dass Gott noch einmal Beziehungen ermöglichen kann?"

„Nun …" Ich wusste noch keine Antwort auf diese Frage.

„Außerdem würden sie ja unsere Freunde bleiben."

„In Ordnung. Aber wie steht es mit unserer Berufung, in der Stadt zu leben? Sollen wir die aufgeben?"

Steve schwieg einen Augenblick lang, bevor er darauf antwortete. Ich unterbrach seine Gedanken nicht.

„Ich denke, es ist okay, wenn wir wegziehen", meinte er schließlich. „Wir haben unsere Aufgabe hier erfüllt."

Ich nickte. Steve war über die Jahre weiser geworden, sodass ich mich inzwischen gerne seiner geistlichen Führung anvertraute.

„Gut, vielleicht beruft Gott uns in eine neue Aufgabe", stimmte ich zu. „Aber mir gefällt es hier. Warum wollte er uns hier haben, als es uns hier nicht gefiel, und jetzt, wo es uns hier gefällt, gilt diese Berufung nicht mehr?"

„Ich weiß nicht. Ich glaube nicht, dass wir jemals verstehen werden, welche Methode hinter Gottes verrückten Wegen steht. Das Einzige, was ich begreife, ist unsere Chance, in die Rocky Mountains zu ziehen." Er deutete auf die Karte und auf Colorado Springs und schaute mich dabei von der Seite her an. *Pike's Peak* ist genau da, Heather. Und der *Garden of Gods*. Statt uns ein paar Wochen im Jahr über das bunte Herbstlaub zu freuen, könntest du jeden Tag den Blick auf die schneebedeckten Berge genießen."

Das klang wirklich wie aus einem Märchen. Und die Stelle schien wie für mich gemacht. Ich überwand meine Angst und stürzte mich mutig ins Abenteuer.

„Gut", meinte ich und stand auf, „wagen wir es!"

„Im Ernst?"

„Ja, ich werde gleich anrufen." Ich befand mich schon auf halbem Wege zum Telefon.

„Warte! Wir sollten noch etwas darüber nachdenken. Was wird aus mir? Ich müsste mir auch eine neue Stelle suchen", warf er ein.

„Du findest schon etwas. Die Baubranche boomt dort drüben. Vielleicht verdiene ich auch so viel, dass du zu Hause bei den Kindern bleiben kannst."

„Klingt gut", sagte er sehnsüchtig, „aber ..."

„Komm schon, Steve. Lass es uns wagen! Warum nicht all das Gewohnte hinter uns lassen und herausfinden, was geschieht? Das wäre ein Erlebnis. Es wäre auch gut für uns."

„Aber schon nächsten Monat?", fragte Steve ängstlich.

Rachel kam in diesem Moment tropfnass ins Haus gelaufen. In ihrem Lachen schwang gespielte Angst mit, weil Simon mit einer Wasserpistole hinter ihr herjagte. Sie unterbrach ihr Spiel kurz, um mir einen Kuss zu geben und Steve zu umarmen, dann preschte sie wieder aus dem Haus – und Simon dicht auf ihren Fersen.

„Warum warten?", fragte ich meinen Gatten. „Willst du denn nicht wissen, was als Nächstes kommen wird?"

✳

Als Nächstes erlebten wir eine Phase großer Geschäftigkeit. Wir kündigten unsere Jobs und machten uns ans Packen. Wir besuchten Freunde und Angehörige und nahmen tränenreich Abschied. Wir verkauften das alte Haus und suchten ein neues. Und dann fuhren wir quer durch das ganze Land zu unserem neuen Heim.

Dershawn nahmen wir mit. Ich hatte mich mit seiner Mutter in Verbindung gesetzt, um ihr von unserem Umzug zu berichten.

„Du weißt, dass ich ihn wiederhaben will", sagte Dolores zu mir. „Sobald ich was gefunden habe, kommt er wieder zu mir."

„Gut", antwortete ich. Ich erinnerte sie nicht daran, dass sie das nun schon seit drei Jahren behauptete. „Aber du hast nichts dagegen, wenn er mit uns nach Colorado zieht?"

„Ich denke nich'", lautete ihre Antwort.

Für Dershawn war es nicht leicht. Auf das Herz dieses Jungen, den ich immer als fröhlich und leidenschaftlich erlebt hatte, legte sich ein dunkler Schatten. Wütend ging er jetzt auf alles und jeden los.

„Ich will zurück nach Michigan", schrie er. „Ich will zurück zu meiner echten Mama."

„Du solltest ihr das sagen", riet ich ihm. Ich hatte nicht die Hoffnung, dass es zwischen den beiden zu einer Aussöhnung kommen würde – in den letzten Jahren hatte sie ihn so oft zurückgewiesen, dass ich es kaum noch ertragen konnte –, von ihm ganz zu schweigen. Aber ich hatte auch in anderen Situationen schon alle Hoffnung verloren und Gott hat trotzdem noch einen Weg gefunden.

„Vielleicht gibt ihr das die Kraft, endlich etwas für euch zu finden, wenn sie weiß, wie sehr du sie magst", sagte ich, um ihm Hoffnung zu machen.

Ich liebte Dershawn ebenso sehr wie die anderen Kinder, die Gott mir anvertraut hatte – und ich wollte nicht, dass er geht. Aber ich wusste auch, dass Dershawn sich nach der liebenden Annahme seiner Mutter Dolores sehnte – trotz all ihrer Fehler.

„Natürlich wird sie mich zu sich holen!", schrie Dershawn mir vorwurfsvoll entgegen. „Du glaubst das nicht, aber sie wird mich zu sich holen!"

Ich nickte: „Es ist gut, wenn du alles versuchst, um wieder bei deiner Mutter zu sein. Und so sehr es mir wehtut, wenn du uns verlässt, ich werde trotzdem alles tun, um dir zu helfen." Seine gewohnte Umarmung blieb aus. „Aber Dershawn …", hob ich an, wartete dann jedoch,

bis er mir schließlich zähneknirschend in die Augen sah: „Falls deine Mutter dich nicht zu sich nehmen kann, dann möchte ich dich bitten, dass wir dich adoptieren dürfen."

Er ging zum Telefon, ohne mich eines weiteren Blickes zu würdigen.

Zu meiner Überraschung versprach Dolores ihrem Sohn das Blaue vom Himmel.

„Ja, mein Baby", sülzte sie, „ich hab schon alles vorbereitet. In spätestens zwei Monaten hab ich ein neues Zuhause für uns. Ich habe schon mit dem Vermieter gesprochen. Und gestern habe ich einen neuen Job angefangen, 'ne richtig gute Stelle. Oh, mein Liebling! Ich kann es kaum erwarten, bis wir wieder zusammen sind."

Wir glaubten ihr – Dershawn mit großer Vorfreude, ich mit einer Mischung aus Freude, Sorge und Traurigkeit.

Auf sein Bitten hin brachten wir Dershawn gleich wieder nach Michigan, damit er dort weiter die christliche Schule besuchen konnte, auf die er zuvor gegangen war. Er wohnte bei einer Familie aus unserer alten Gemeinde.

„Nur für ein paar Monate", versprachen wir ihnen. „Er kommt bald wieder zu seiner Mutter."

Doch aus den zwei Monaten wurden vier und aus den vieren wurden sechs. Ich sprach in diesen Monaten häufiger mit Dolores als in all den Jahren, in denen wir Nachbarn gewesen waren. Ich ermahnte sie, beschwatzte sie, flehte sie an. Ich wollte, dass Dershawn wieder zu uns kam, aber ich konnte nicht ertragen, dass er schon wieder von seiner Mutter zurückgewiesen wurde.

Ich hätte ihren Versprechungen wahrscheinlich nicht glauben sollen, aber es war nicht meine Schuld, dass sie wieder versagte.

Das Schuljahr ging zu Ende und Dershawn kehrte zu uns zurück. Das Erste, was er sagte, nachdem wir uns zur

Begrüßung umarmt hatten, war: „Mama, könnten du und Papa mich jetzt adoptieren?"

Das taten wir dann auch – für mich war es ein Moment, in dem mein Herz vor Freude beinahe geplatzt wäre.

✳

Jedes Mal, wenn ich zu den Bergen schaue, bietet sich mir ein neues Schauspiel. Ob der Gipfel des *Pike's Peak* nun den Sonnenaufgang widerspiegelt und das ganze Umland von Ost nach West in einen vielfarbigen Glanz taucht oder ob sich seine Silhouette meilenweit gegen den dunkler werdenden Himmel abhebt; ob schwarze Gewitterwolken die Bergkette der *Front Range* mit Regenschauern eindecken und ihre unvergängliche Kraft betonen; ob der glitzernde Schnee die Nachmittagssonne reflektiert oder die Hügel sich grün und in Dunst getaucht sanft vor dem Auge entfalten – es ist immer ein wohltuender Anblick.

Die Berge offenbaren eine solche Größe. Da bleibt nichts anderes, als anzuerkennen, wie klein, wenn auch nicht bedeutungslos, wir Menschen sind. Doch es sind die schwankenden Stimmungen der Bergwelt, die mich am meisten ins Nachdenken bringen: diese ständig wechselnde Vielfalt, die sich inmitten des Unveränderlichen und Unbewegten offenbart; diese Vergänglichkeit, die über das Unvergängliche hinweghuscht – und so wage auch ich, mutigen Schrittes unbekannte Wege zu betreten.

Epilog

Schönheit, die mich in Staunen versetzt

Eine Vergewaltigung raubt uns so vieles. Doch ich habe mehr gewonnen, als ich verloren habe.

Vergewaltigung ist eine der niedrigsten Formen der Hässlichkeit. Vergewaltigungen zerstören die Unschuld und bilden einen Nährboden für Bitterkeit. Sie rauben Sicherheit und vermehren die Furcht. Sie töten die Hoffnung und nähren Schamgefühle.

Eine Vergewaltigung lässt keinen Raum für das Schöne.

„Mein Vater hat mich vergewaltigt, als ich achtzehn war", berichtete mir eine Frau in der Abgeschiedenheit ihres Wohnzimmers. Sie war die Mutter zweier kleiner Kinder und mit einem gläubigen Mann verheiratet. „Ich habe ihn zehn Jahre lang nicht gesehen, aber gestern kam er hierher und hat wieder versucht, mich zu vergewaltigen." Ihre Stimme zitterte, als sie versuchte das Unaussprechliche auszusprechen.

Tränen liefen mir übers Gesicht, während ich schweigend neben ihr saß.

„Ich hasse ihn, Heather", flüsterte sie. „Ich werde ihn immer hassen."

✳

„Ich weiß gar nicht, warum ich ihm geglaubt habe", schluchzte eine Zwanzigjährige. „Er ist in mein Apartment eingebrochen und trotzdem habe ich ihm vertraut."

„Was passierte dann?"

„Ich hatte die Schlafzimmertür mit der Kommode versperrt. Er stand eine ganze Stunde lang vor der Tür und versuchte mir einzureden, dass er mich beschützen werde, wenn ich ihm die Tür öffnete. Als ich es schließlich tat, vergewaltigte er mich."

Sie rollte sich auf dem Sofa zusammen und zog die Beine an. Ich legte eine Decke über sie.

„Er hat dir Angst gemacht und dann hat er diese Angst ausgenutzt", sagte ich ihr. „Das war nicht dein Fehler."

„Ich hab solche Angst", flüsterte sie ins Leere hinein. „Wenn man mich so leicht überlisten kann, wie soll ich mich dann dem Leben stellen?"

✳

„Wer braucht schon Männer?", bemerkte eine Frau mittleren Alters bissig. Sie war bei ihrer ersten Verabredung, auf die sie sich nach ihrer Scheidung eingelassen hatte, vergewaltigt worden.

Nicht lange danach brach sie ihre Therapie ab und begann zu trinken. Außerdem verließ sie die Gemeinde und schloss sich einer feministischen Gruppe an.

„Nicht alle Männer sind schlecht", wagte ich einzuwerfen.

„Ha! Du müsstest das doch besser wissen!"

„Ich weiß es. Ich kenne viele Männer, die nicht so sind wie die, die uns vergewaltigt haben."

„Oh, Heather, sei nicht so naiv! Heute lächeln sie dir zu und morgen verschlingen sie dich zum Frühstück."

✳

Eine Vergewaltigung raubt uns so vieles.

Doch ich habe mehr gewonnen, als ich verloren habe. Die Schönheit, die ich an Stellen fand, wo sie eigentlich gar nicht hingehörte, hat mich in tiefes Staunen versetzt. Ich entdecke sie am blutverschmierten Kreuz auf Golgatha und die Bitterkeit verliert ihre Macht. Ich entdecke sie im Gesicht des Mannes, der dem Versprechen, das er mir gab, treu bleibt, und die Angst muss weichen. Ich entdecke sie im fröhlichen Tanz eines Kindes, das zunächst so unerwünscht gewesen war, und die Hoffnung erwacht zu neuem Leben.

Ich bin überzeugt: Was wir in der gegenwärtigen Zeit noch leiden müssen, fällt überhaupt nicht ins Gewicht im Vergleich mit der Herrlichkeit, die Gott uns zugedacht hat und die er in der Zukunft offenbar machen wird.

Ich bin ganz sicher, dass nichts uns von
seiner Liebe trennen kann: weder Tod noch Leben,
weder Engel noch Dämonen noch andere gottfeindliche
Mächte, weder Gegenwärtiges noch Zukünftiges,
weder Himmel noch Hölle.
Nichts in der ganzen Welt kann uns jemals trennen
von der Liebe Gottes, die uns verbürgt ist in Jesus Christus,
unserem Herrn.
Römer 8,18.37–39

Über die Autorin

Heather Gemmen ist als Schriftstellerin und Herausgeberin von Kinderbüchern tätig. Durch ihre Bücher möchte sie Menschen die Erfahrung von Gottes heilender Liebe weitergeben. Sie lebt mit ihrem Mann Steve und ihren vier Kindern in Colorado.

Heather Gemmen

Tochter des Schicksals

Eine Frau entscheidet sich für das Kind
ihres Vergewaltigers